名正则言顺

——易学学者孔令伟精解《周易》系列之四

孔令伟　编著

经济日报出版社

图书在版编目（CIP）数据

名正则言顺／孔令伟著．－－北京：经济日报出版社，2015.3（2015.10重印）

（孔令伟精解《周易》系列；4）

ISBN 978－7－80257－784－8

Ⅰ．①名… Ⅱ．①孔… Ⅲ．①《周易》－研究 Ⅳ．①B221.5

中国版本图书馆 CIP 数据核字（2015）第 044119 号

名正则言顺

作　　者	孔令伟
责任编辑	陈礼滟
责任校对	崔旋子
出版发行	经济日报出版社
社　　址	北京市西城区右安门内大街 65 号
邮政编码	100054
电　　话	编辑部 63543168　发行部 010－63516959
网　　址	www.edpbook.com.cn
E－mail	edpbook@126.com
经　　销	全国新华书店
印　　刷	北京鑫瑞兴印刷有限公司
开　　本	889×1194 毫米　1/32
印　　张	4.5
字　　数	64 千字
版　　次	2015 年 7 月第一版
印　　次	2015年10月第二次印刷
书　　号	ISBN 978－7－80257－784－8
定　　价	28.00 元

作者前言

英国著名评论家海斯利特曾说："低估自己者，必为别人所低估。"

我出生在苏北微山湖畔的一座小城，划船、打渔、游泳是当地小孩子的最爱。但因为孔家一脉单传，只有我这么一个宝贝孙子，所以家里不允许我和其他的小孩们下湖去玩水，而是每天用一把"铁将军"把我牢牢地反锁在房间里。一个贪玩的被反锁在屋子里的小男孩百无聊赖，只好在屋里搜罗自娱自乐的东西。

我家是诗书传家，家中的古籍存有两大箱，足足有200本。《大学》《论语》《中庸》……一本本、一册册旧得发黄的老古董，被我老爷爷宝贝似地收着。那时实在闷得慌的我对这些古书发生了浓厚的兴趣，现在看来，我就是从这个时候开始，开启了注定我今后一生的国学之旅。

幸好，爷爷从小就教会我识字。慢慢地，在不知不觉中我把经、史、子、集来回翻看，甚至连《周易》《奇门遁甲》等完全看不懂的书，也一知半解被我统统翻阅过很多遍。原本是为了摆脱寂寞和孤独，却没想到看过之后竟然入了迷，那些天书似的文字，把我带进了一个奇幻的世界，竟然一发不可收。

起初我并不能很好地理解那些典籍的深刻含义，但这反而让我对那些书产生了兴趣并上了瘾。等年纪稍大的时候，即使屋子的大门没有锁，我也不愿意出门，而是如饥似渴地继续去读那些似懂非懂的古书。

几年下来，大约在我十一二岁的时候，家中的藏书中，有很多我已经能熟练地背诵下来。背书能大量吸收书面语言的信息，掌握和积累书面语言的语感。日积月累的熏陶和输入，总有厚积薄发的时候，正所谓“熟读唐诗三百首，不会吟诗也会吟”，“读书破万卷，下笔如有神”。当年我翻阅、背诵下来的那些旷世经典、圣人之道，为我今天深入研究国学奠定了扎实的基础。

等到上小学三年级的时候，我已经开始看《周易》，虽然依旧是看不懂，但我会把《周易》的很多符号比如太极八卦、阴阳符号等用笔画着玩，直到后来我已经把《周易》差不多都能背下来了。再后来我开始练习用《周易》推演事情的发展，起初是应用《周易》的算法，估计一下大体什么时候有雾有水或者涨潮，还有下雨什么的。当时还不懂天气预报，只觉得能预测到这些天气变化非常好玩。直到家里有了电视，才知道这其实就叫“天气预报”。

现在回头去看，从小我与国学尤其是《周易》结下的不解之缘，看似是偶然的，实在是偶然中的必然。

现在，我在继续深入研究《周易》的同时，还开班授课，以“技高德馨，质朴宽怀，行善积德，虔度有缘；乾坤国学，造福四方，桃李天下，功德无边”为理念，广结善缘，为那些喜爱国学尤其是易学的学员们，讲解易学中的制胜之道、帝王之学。

目前我的学员，大都是来自企业的精英，他们在事业上摸爬滚打、久经历练了很多年，成了企业掌门人，但仍旧会在不同的时段遇到经营以及生活中各种各样的难题，他们希望通过学习国学经典，获得独立掌握破解各种问题的方法。这使我很感慨，也使我更进一步看到自己从事这项事业的积极意义和因此带来的社会价值。

人生在世，谁也不可能是一帆风顺而不遭遇曲折坎坷的。在这样的现实面前，我们除了保持积极上进的人生态度，还需要增强分析自己、家庭和企业面临的现实处境，以及研判未来的能力，及解决各种问题的能力。

2014 年 5 月 4 日，习近平总书记赴北大考察，召集北大师生座谈，做了《青年要自觉践行社会主义核心价值观》的讲话。讲话援引古今，出入六经四部，辞气恳切，洒洒万言，赢得了广大师生和社会各界一致的赞誉。特别是他说到的“天行健，君子以自强不息”，就是出自《易·乾》，意谓要努力向上，永不停息。

因此，只要我们永不停息地努力学习，积极

求索，就一定能走出一条开拓进取、完善自己、造福社会的人生道路。

孔令伟

2015 年 3 月

目　录

绪 论

一、名正则言顺

古人有云:“赐子千金,不如教子一艺;教子一艺,不如赐子好名。”

又云:“雁过留影,人过留名。”可见,一个好的名字对人一生是多么的重要。

中国象形字源于自然界的“物”,其本身就具有生命的灵气。当文字成为人的姓名、公司的名称时,便已经赋予了人的愿望,也同时暗示了天地对人、对公司的信息诱导力。

古时有“形以定名、名以定事、事以验名”之说,可见名字绝对不是可以等闲视之的东西。一般认为,一个好名字的暗示诱导力,有可能影响人的命运。姓名起得不妥,有可能使得一个人陷入病弱、逆境、磨难、婚姻坎坷、劳碌奔波、多劳少得这类逆境而难以自拔。

二、古人姓名趣谈

唐代诗人李白，据传他到 7 岁时还没有一个正式的名字。李白满周岁时“抓周”抓到《诗经》，乐坏了他父亲，同时也为起名发了愁：儿子长大后若真成了诗人，没有一个响当当的好名字岂不是一件憾事？左思右想也毫无头绪。多年以后的某个春天，他父亲有意要试一下儿子的才情，就吟诗一首：“春风送暖百花开，迎春绽金它先来。火烧杏林红霞落，”吟此，还剩一句，只见李白手指李树，脱口续出：“李花怒放一树白。”他父亲听后大喜：此续句头一字不正是自家的姓吗？最后一个白字不正象征着李花的高雅圣洁吗？于是，他当即决定给儿子起名“李白”。

明末武将洪承畴（1593—1665）明万历进士，颇受崇祯帝赏识，后来官至蓟辽总督。他素以“忠”、“节”自命，亲自撰书一联：君恩深似海，臣节重如山。1641 年，他率领13 万人在松山与清兵作战，兵败被俘，屈膝投降。时人即在他这副对联的末尾分别加上“矣”、“乎”二字，一变而成：君恩深似海矣！臣节重如山乎？两个虚字一添，使联语蕴含着鄙弃之意，嘲讽了洪承畴出尔反尔的投降变节行为。洪承畴随清兵入关后，残酷镇压江南抗清义军。在他60岁生日那天，还厚颜无耻大摆宴席，庆贺寿辰。来宾中，有一人打开一副对联：史鉴流传真可法，洪恩未报反成仇。这一上联，嵌着抗清名将史可法的姓名，借以嘲讽洪承畴的变节投清；下联则是以“成仇”谐音“承畴”，直接斥责洪的投敌卖国。洪承畴看后，尴尬万状，无言以对。

中国文学史上最伟大的小说家曹雪芹。他取名的意图不仅因为他喜欢芹菜的美观和美味，更重要的是“雪芹”所包含的另一层意思。旧时“芹”代指“入津”，即考试没中。《红楼梦》中有“瑞云香炉采芹人”之句。“芹”上压“雪”，自然没有瑞云绕护了。这位性情高傲的文学家，在贫困中耻于攀附达官贵人，不求功名，他以“雪芹”自许，表现了落魄中不甘屈服的叛逆性格，犹如雪中寒梅，雪底芹牙，越在冷酷的气候中，越显示出顽强的生命力。

慈禧太后准备举办70岁大寿庆典，为增喜庆气氛，先一年举行恩科会试，恩科取士的结果是状元王寿彭。有知情者议论道："他这是因名得福。王寿彭，这三字的意思是说，君王之寿可与活了800岁的彭祖一样。这正好应了太后70大寿的景儿，老佛爷一高兴，就钦点了他为头名状元"。

同治皇帝戊辰科殿试时，有一位叫王国均的人，本已列于前十名中。可那位临朝听政的孝钦太后即后来的慈禧太后，认为"王国均"听起来像"亡国君"，顿敛龙颜，将其降在三甲，让他做了个"榜下知县"，潦倒一生。

光绪皇帝甲辰科殿试时，原以拟定朱汝珍为首魁，但当时正值大旱，举国祈雨，旋即由慈禧太后做主，改榜眼刘春霖领榜。慈禧认为"刘春霖"这名吉利，由他领榜，有春风化雨、甘霖普降的祥兆。朱汝珍由此降为榜眼，而刘春霖却因名拔升状元。他虽无卓越政绩，却以中国历史上的最后一位状元而留名青史。

曾长期统治山西的土皇帝阎锡山（1883—1960）原名阎万喜。"阎锡山"是一位老先生给改的名。1902年的一天，山西巡抚衙门前贴出文告，要创立武备学堂，招收武备生员。一心盼望儿子能出人头地的阎书堂让阎万喜去应考，无奈阎万喜学的是私塾旧学对洋书新学一窍不通。阎书堂只好买通一位学过新学的赵廉佑替儿子应考。能否考上？阎书堂心中没底，便领儿子去算命。只见老先生掐指一算，连声恭喜“贵子定能考取”。但又说阎万喜命中五行缺金，于是为其改名“阎锡山”。这回有“锡山一座”再也不必担心缺金了。算命先生的吉言是否灵验？父子俩翘首以待。发榜后，“阎锡山”果然在榜首。

第一章
姓名学与《周易》

姓名是人生不可分割的一个重要组成部分，既代表人的符号——人与人的区别，人类不可缺少的因素和实体；也是代表人的性格、健康以及人存在的各个复杂关系。

古代贤哲曾言：形以定名，名以定事，事以验名。就是说，识别事物，必先有其名然后才能决定事；然而事物的发展及成败又可以验名。任何事物的本来都是相辅相成的，所以名和事也是不可分割的。孔子曰：有其名则有其言则有其事。意思是事物有名才能经过人类语言的交流，而言中无物那么就是本来没有的。故符号代表一定的事物，有事物就会产生代表它的符号即名字；反之，符号名字也一定代表该事物的内容和特征。“所谓”名符于实见其意。显而易见，人的姓名就是代表人存在的生命。古往今来，人们早就认识到人的姓名与其人生命运中间的作用关系。

姓名是我们每个人的第一张名片，虽然只是个文字符号，但它具有信息能量及文字的全息理念。一个恰到好处的佳名、雅号，在本质上应当是一种与时俱进，受时尚文化影响的高雅文化，应当是一幅赏心悦目的山水画，是一首语言凝练、内涵丰富的好诗。它能给我们好的暗示导引，给我们增加能量，激励上进，使我们奋发图强，力争上游，为我们的事业成功助一臂之力。从这个意义上来说，好的名字，总是以最简练的语言来表达最深刻的意境。姓名是代表人的符号，取一个好名将会使你一生受益，周易起名绝不能轻易以“迷信”谓。

姓名学的真正意义是什么呢？

姓是先天的，是传承祖宗的，名是后天的，与祖上有所区别的代号。但这个代号所发挥的作用和蓄藏的能量是巨大的，不可忽视的。有人举例姓如户主，名如家人，户主虽然能干，亦须有家人协力维持家事，才能致富兴家。

人凡名贵，资能亦贵，名贱，资能亦贱。有其名即有其实，此物命此名，必形此物之性质，或形此物外状。人的名字可表现人的精神，是一种无形的力量，给人一种人如其名，名如其人的强大磁场效应，此即姓名学之奥义所在，为人父母者不可不察。

一、周易文化的由来与背景

《周易》是中国周代的典籍，被尊为“群经之首，诸子百家之源”，西方文明有《圣经》，东方文明有《周易》。

周易文化是中华文化发展的根本与源头，对中国后来历代的政治、经济、文化等诸多方面都产生巨大而又深远的影响，中国的建筑、医学、音乐、绘画、日常生活等无不与《周易》有着千丝万缕的联系，仍至到影响到中国人的民族性格与民族精神。孔子读易，韦编三绝。就连《论语》中也多处引用《周易》的词语。

《周易》后为儒家尊崇，是我国最古老、最有权威、最著名的一部经典，是中华民族聪明智慧的结晶，简称《易》、又称《易经》，包括经和传两部分。《周易》经部本是筮占书，其文字部分是对相应易卦象征意义的解说和人事吉简吉凶的判定，而传部是对“易”的理解和对《周易》文辞的发挥等内容。

由于成书很早，随着时代演变，其文字含义已多不为后世人所理解。事实上，《易经》的内容在春秋战国时便已不易读懂。为此古人专门撰写了《易传》以解读《易经》。今天我们所说的“周易”通常指《易经》和《易传》二者的结合。

易卦系统最基本的要素为阴阳概念，而阴阳概念包括阴阳的性质和状态两层意义。如果不理会阴阳的状态，只论及其性质，则可以用阳爻(—）和阴爻（－－）表示阴阳。将上述阴阳爻按照由下往上重叠三次，就形成了八卦，即“乾、坤、震、巽、坎、离、艮、兑”8个基本卦，称为八经卦。再将八经卦两两重叠，就可以得到64个位次的易卦，共有64卦，这64卦称为六十四别卦，每一卦都有特定的名称。如果再考虑阴阳的状态，则阴阳概念又进一步划分为“老阴，老阳，少阴，少阳”4种情形。

六十四别卦每一卦的每个位次上都可能有四种阴阳状态，于是全部易卦系统就共有4096种不同的卦。如果将阴阳性质构成相同的各个卦放在一起，就形成了主卦卦名相同的64种分系统，可以称为某某卦系。

《周易》经部文字说明的内容就是对六十四卦系中部分易卦的象征意义的解释以及相应的人事吉凶判定（称为占断）。其中每一卦系的第一条内容是相应的全静卦的占断，其后的六条（乾坤卦系有七条）内容是顺次排列的对相应卦系一爻动的卦的占断。秦汉以后的易学对此都存在错误或者说模糊的认识。

占筮及《周易》一书起源于甲骨占卜的实践，或许是到了殷商末年，周文王写下了六十四卦系的卦辞。后来在春秋时期，孔子的弟子继承了孔子对周易的发现，著了《易传》。秦始皇焚书坑儒的时候，李斯将其列为医术占卜书而幸免于难。

按照古书记载，易有“三易”《连山》《归藏》《周易》。春秋时代，《周易》作为占筮书流行，不断有人对它进行解释和研究，其中包括孔子，到战国时期，便出现了《易传》，包括《文言》《彖传》上、《彖传》《彖传》下、《象传》上下、《系辞传》上、《系辞传》下、《序卦传》《杂卦传》合共十篇，称为“十翼”。后来《易传》被编入《易经》，就成了我们今天所见到的《周易》。

南怀瑾先生说：《周易》中运用八卦预测信息的发明，正是我国人民具有唯物主义世界观的真实写照，他们在实践和日常生活中遇到的疑难之事，不是求助于偶像，而是运用通过八卦今昔信息预测的科学方法，预测自然和人事吉凶方面的有关信息，对一切做到心中有数，有备无患，从而更好地认识社会、改造社会、推动社会不断地向前发展。所以，易卦及《周易》，是个储存量很大的信息库。

目前，我国的易学研究在原理探索上仍无重大进展，理论研究停步不前，思想混乱，实际应用容易趋向神秘主义。从而阻碍了中华易学良性发展的步伐，蒙蔽了易学的真正价值。

《周易》历经数千年之沧桑，已成为中华文化之根。易道讲究阴阳互应、刚柔相济，提倡自强不息、厚德载物。在五千年文明史上，中华民族之所以能够久历众劫而不覆，多逢艰难而不倾，独能遇衰而复振，不断地发展壮大，是与我们民族对易道精神的时代把握息息相关的。

二、《周易》衍生的基本常识

1. 五行思想的起源

《易经·系传》中说到“刚柔相推而生变化”，我们先要认识另一个东西，才能对这句话有更深入一层的认识与了解。

南怀瑾先生说，以《易经》来说，站在中国学术发展史的立场看，五行和《易经》根本没有关系。

可是现在要了解《易经》的法则，在占卜方面，则有其密切的关系。占卜等数术方面的体系，就是用卦、五行、干支配合起来，去做推算。根据历史上的记载，《易经》被认为是卜卦的，因此五经的流传，古本面貌保留得最多最全的，以《易经》最为可靠。

近代以来，一般怀疑中国文化的学者，认为

五行是汉朝、至少是秦汉以后之人所假托，这是研究中国文化发展史错误立场的一种看法。其实战国时代一位历史上有名的阴阳家驺衍，在当时比孟子以及诸子百家的威风都大得多，试看孟子到齐国去见梁惠王的情形，真是可怜得很。“王曰：叟，不远千里而来，亦将有以利吾国乎？”梁惠王对孟子那股神气，一点也看不起孟子，开口就说：“老头！你来找我干吗？”可是邹衍一到齐国或其他国家，场面便大不相同了，国家的大员，乃至国君，无不亲自招待，等于现在国际知名的大科学家，到了任何一个国家，都受到盛大的欢迎一样。我们读《史记》，读到这些地方，要特别注意，要客观地读。后人写历史，往往没有把这些重点强调出来，只照写历史，这就发生了错觉。历史记载都有年代，一查就知道了，驺衍每到一个国家都大受欢迎，而且带了一大群人。孔子周游列国也带了一大群学生，可是有时连饭都吃不上，而驺衍每到一个国家则是吃不完的宴会，可见他在当时的影响有多大。邹衍是道家、阴阳家，他到底在各国讲了些什么？我们不知道，因为历史上没有记载。但是他留下了一点东西，他当时就说天下有九洲，中国是九洲的一洲为“神洲”。他这个说法是怎么来的？绝不可能坐飞机环绕地球一周看见的。现在我们才知道地球有几大洲，而他当时就知道了，所以他的思想学说，当时震动了各国，以科学的理论，指导了政治的原则。

《易经》的文化，是中国上古时代的文化，是山西、河南这一带的文化。在上古时代，文字、语言还没有统一，不像秦汉以后的国家，当时每一地区、每一民族，有自己的文化。如长江以南，楚国有楚国的文化；孔子的文化，继承了鲁国文化的系统；道家文化是继承了齐国文化的系统。

那么阴阳五行的文化，可以说比《易经》的文化，亦即中原文化还要更古老一点，可能是黄河下游，北京、河北这一带的文化，如黄帝、伏羲这一时代的文化一样。所以研究上古的文化，是一个很艰难的工作。几千年来，历代学者作了很多分类的努力，乃至现代也有人研究了半辈子，还是搞不清楚。但假使不弄清楚这个观念，而把中国上古传统文化乱扯一阵，那就牵涉太大了。

2. 什么是五行

《尚书·洪范》中说："五行，一曰水，二曰火，三曰木，四曰金，五曰土。水曰润下，火曰炎上，木曰曲直，金曰从革，土爰稼穑。"木，具有生发，条达的特性；火，具有炎热，向上的特性；土，具有长养、化育的特性；金，具有清静、收杀的特性；水，具有寒冷、向下的特性。

先天五行顺序：金、水、木、火、土，概取自《河图》。

后天五行顺序：金、木、水、火、土，概取自《洛书》。

所谓五行，就是金、木、水、火、土。现在研究它首先要注意的，就是命先生算命，把行认为是走路，那就绝对错了。我们翻《易经》，乾卦的"天行健"这句话，这个"行"是代表运动的意思，就是"动能"，宇宙间物质最大的互相作用关系，就在这个动能。这个"动能"有5种，以金、木、水、火、土作代表。所谓"金"并不是黄金，"水"亦并不是和我们喝的水一样，千万不要看成了五行就是五种物质。上古文化的五行：金、木、水、火、土，就是现代的地球文化，地球外面的五星，对我们的关系很大，现在先解释这5个字。

金，凡是坚固、凝固的都是金，上古文化不同于现代的科学分类，当时对于物质世界中有坚固性能的，以金字作代表。

木，代表了树木，代表了草，代表了生命中生的功能和根源。草木被砍掉以后，只要留根，第二年又生长起来。白居易的诗："离离原上草，一岁一枯荣，野火烧不尽，春风吹又生。"这就是木的功能，生长力特别大也特别快，木就代表了生发的生命功能。

水，代表了流动性，周流不息的作用。

火，代表了热能。

土，代表了地球的本身。

所以称它们为五行，是因为这5种现象，互相在变化，互相在影响，充满了变化，这种变化，名叫生、克。

3. 五行的生克

说到生、克，研究《易经》的人都知道综

卦。综卦就是告诉我们世界上的事物，都有正反两个力量：有生，有克。生克是阴阳方面的说法，在学术思想上，则为祸与福，正与反，是与非，成与败，利与害，善与恶，一切都是相对的，互相生克。

如姜太公流传下来的道家经典《阴符经》里面说“恩生于害”这句话，举例来说，像父亲打儿子，儿子挨打很痛，这是“害”，但目的在把孩子教育成人，这就是“恩生于害”。领导对部下亦是如此。这句话的意义很深。中国农村有句老话，送人一斗是恩人，送人一担是仇人。帮朋友的忙，正在他困难中救济一下，他永远感激，但帮助太多了，他永不满足。往往对好朋友，自己付出了很大的恩惠，而结果反对自己的，正是那些得过你的恩惠的人，所以做领导的人，对这点特别要注意。一个人的失败，往往失败在最信任、最亲近的人身上。

五行学说认为，事物与事物之间存在着一种联系，这种联系又促进着事物的发展变化。五行之间存在着相生相克的规律。相生，含有互相滋生，促进助长的意思；相克，含有互相制约、克制和抑制的意思。

五行相生：木生火，火生土，土生金，金生水，水生木。

五行相克：木克土，土克水，水克火，火克金，金克木。

相生相克，像阴阳一样，是事物不可分割的两个方面。没有生就没有事物的发生和成长；没有克就不能维持事物的发展和变化中的平衡与协调。没有相生就没有相克，没有相克，就没有相生，这种生中有克，克中有生，相辅相成，互相作用的关系推动和维持事物的正常生长、发展和变化。“造化之机不可无生，亦不可无制，无生而发育无由，无制则亢而为害。”（《类经图翼》）

4. 五行的方位

古时把天划为东、西、南、北、中五天。

东方天，木炁所主，色青，属青龙位，司春，由青帝所管。

南方天，火炁所主，色赤，属朱雀位，司夏，由炎帝所管。

西方天，金炁所主，色白，属白虎位，司秋，由金帝所管。

北方天，水炁所主，色黑紫，属玄武位，司冬，由黑帝所管。

中央天，土炁所主，色黄，司四季，由黄帝所管。

五行方位（必须要记住的），为东方木（以《易经》的方位为准，不是现代地图的方位），西方金，北方水，南方火，中央土，这个方位非常有道理。我们在明朝时也开矿，当时并没有地质学，怎么知道何处有矿，固然有的是当地的居民偶然发现的，但大多数是靠五行的道理，来判断的。

5. 天干与五行

五行之外，还要加上干支，要学《易经》，没有什么秘诀，不外是五行卜筮，重点在五行，不是在卦。真用卦来断事情，又是另外一个体系，所以严格说来，五行和卦两种体系是分开的。但几千年来，大家都把它混合在一起。

现在介绍的是天干文化，天干文化也很古老。纵观《易经》发展史、中国文化发展史，天干文化也比《周易》古老得多。天干地支，可以从甲骨文里找到，可见这个文化的来源很早。

中国人发展最早的是天文，发展到最高级的时候，就归纳起来用十个符号作代表，这十个符号就名天干，亦作“天榦”，不过“天干”是汉以后用的名词，其实应该用“天榦”才对。传说天干地支是黄帝时候的大挠氏所创，根据考古学，在中华文明的早期产生的萨满教（这里说的萨满教不是清代的萨满教）和其后随着历史的发展，原来从事祭祀活动的贵族联合起来逐渐演变成春秋战国时期的阴阳道中都有所应用，并且因为在运用中有许多可以预知占卜的方法，这就是天干神奇的地方。这对现代人来说还是个迷，在中国古代的历法中，甲、乙、丙、丁、戊、己、庚、辛、壬、癸被称为“十天干”，子、丑、寅、卯、辰、巳、午、未、申、酉、戌、亥叫作“十二地支”。两者按固定的顺序互相配合，组成了干支纪年法。从殷墟出土的甲骨文来看，天干地支在中国古代主要用于纪日，此外还曾用来纪月、纪年、纪时等。唐代之后天干地支组成的纪年主要用于算命或者占卜。

6. 天干五行配

和前面五行的方位图案配合起来，就可以知道，东方甲乙木，南方丙丁火，西方庚辛金，北方壬癸水，中央戊己土。

这里要问，东方或木，都是一个方位或一个动能，为什么要用甲和乙两个符号来代表？这中间又有另一个法则，这套法则在中国传统卜卦上经常用得到。

南怀瑾先生说："中国算命卜卦的这套法则，里面包涵了很大的科学和哲学的道理，可惜因为古代的政治思想，不愿意发展科学，所以这一套很好的法则，只好向算命卜卦这一方面发展。"不过好在有江湖算命卜卦的人，能够把这一套法则保留下来，从另一角度看，他们也的确很伟大。

这一套法则流传了几千年，而真正研究它的，都是第一流聪明人，试想想 4000 年来第一流聪明的人，都在研究它，即算它能骗得了人，也有它骗人的道理。我们要批评它，不妨先研究它骗的方法，等研究过了，再说它是迷信，这时才可以作结论。自己并没有研究过，还不懂它，就说它是骗人的迷信，这才是真正的迷信，迷信自己的狂妄。可惜现在没有人重视它，没有大量的投资，没有充分的实验设备和场所。否则的话，如果加以实验，可以发现这项法则会有很多科学的道理。譬如说飞机，早在战国时候就有飞机，不过是不坐人的飞机，用木料制造。晋朝时候也有人制造成一个鸟，放出去以后，不需人控制，会在空中飞翔，到一定的时间，又会在原地降落，这在历史上都有记载的。就是现在还保存的中国乐器和一些器皿，如铜壶滴漏等等，都是依据这套法则发明制造的，而当时并没有现代的科学公式，因此这套法没有向科学这方面发展。为什么中国古代没有用这套法则作科学的发展？这也有它的道理，因为物质文明愈发达，人的欲望就愈高，人的欲望愈高，社会就愈乱，这是中国文化的传统与现实。

7. 天干的阴阳

但是这一套法则，是来自科学的，如东方木，为什么用甲、乙两个字来代表？而成为甲木和乙木呢？甲木是代表生长的原素，乙木是成形了的代表，换言之甲木是代表生发的物理，乙木是代表成形的物质。丙与丁亦是如此，丙是代表火的原素，丁是代表成形的火。戊己、庚辛、壬癸都是如此。而这中间又分阴阳，如甲木为阳木，乙木为阴木，丙为阳火，丁为阴火，庚为阳金，辛为阴金，壬为阳水，癸为阴水，戊为阳土，己为阴土。

如中国医学，《内经》上说的女人的第一次月经，由于我国古代认为直接说出女人的隐秘不合礼数，所以说“女子十四而天癸至”。因为月经是成形了的水，同时女子属阴，所以称为“天癸”。如果把这套东西融会贯通起来，就可以发现它并不是迷信，而是科学，至少是古代的中国科学，而且这种科学在人类的文化中，还维持了这许多年。

说到天癸，便涉及到中医了，对于人的身体而言，许多人也没有弄清楚，中医关于人身各部位的代表为木属肝，火属心，金属肺，水属肾，土属脾。这个五行和内脏的关系现在懂了，那么金生水，肺出了问题的时候，肾一定亏，所以生肺病的人，脸红红的，而是肾水不足，火气上升。

肺病到了相当严重，肾盂就特别扩大，就是肾亏，所以中医之难学是除了讲究内脏的个别功能以外，还讲究互相影响的生理功能和病理因素，也就是生克的道理。

而西医则遵循头痛医头，脚痛医脚。头痛只是病的现象，不是病的根源。因为生克的关系，任何一个内脏，都可以产生头痛的病象，所以高明的中医讲究气化，如患糖尿病的人，是属肾水的病，但一定与心火有关系，心脏也会受影响，发生问题，这就是五行生克的道理（这里特别要补充一点，五行的生克，每一“行”都与其它四“行”有关，如“土”是生金的，克水的，但亦被火生，被木克）。

所以中医能站得住，针灸亦是一样，中医的医理，病在上者治其在下，病在下者治其在上，病在左者治其在右，病在右者治其在左，病在内者治其在外，病在外者治其在内。譬如中医说肝生于左，而西医指责错了，其实中医一点没有错，因为中医不是讲物质形态，而是讲气化，中医说肝生于左，是肝属木，木在东方，东方在左，这是五行生克的气化，所以肝生于左是对的。由此可知人必须读《黄帝内经》，懂了《黄帝内经》就懂得养生之道。

8. 地支

五行和天干配合，包涵了许多内容，再下来配合地支，便又不同了。地支有12个：子、丑、寅、卯、辰、巳、午、未、申、酉、戌、亥。表示干的分支。用以说明太阳系中，月亮和地球发生的作用。

关于地支这一套东西，如果只研究《周易》的学术思想和大的原理原则，则没必要研究五行和干支。如果要了解我们中国几千年来《易经》用之于天文、地理等方面的实践，就必须先了解五行干支了。

何谓地支？以现代的观念来说，是地球本身，在太阳系中运行，与各个星球之间互相产生的关系，无形中有一个力量在支持着，这就是地支。

天干有10个，就是五行的两极之道，亦即是五行的阴阳变化。而支是阴阳之道产生变化而成12位。至于这些名称的由来，与《周易》没有多大关系，是中国传统文化中另外一种学说的系统，这在前面也曾经提到过。至于天干地支每一个字的定义，有很多种解释，究竟哪一种解释完全正确，很难下个定论。

9. 地支与黄道十二宫

地支有12位，代表12个月。实际上地支又是天文上黄道十二宫的代名。所谓“宫”，就是部位；所谓“黄道”，就是太阳从东边起来，向西方落下，所绕的一圈，名为黄道面。这种黄道面，每一个月都不同。如我们晚上看天象，每一个星座，从东方出来，共有20星宿（天文的知识，在上古时我们中国最发达），而这20宿，在黄道面上，每个月的部位也都不同；于是依据这个现象，抽象地归纳为12个部位，用12个字来表示。

实际上这是天文的现象，变成为抽象的学问，构成了后世推演事物的方法。这一套学问，现在看来好像很简单，但真正用心探究，其中学问甚多，也可见我们上古时老祖宗的智慧、哲学，都发达到最高最高点；因为科学数字太大，很复杂，普通人不容易理解于是把它简化了，用五行、天干、地支来代表，使人人都能懂，只有文化到了最高处，才能变成最简化。可是它的弊病，是后人只知道用，知其然而不知其所以然了。

10. 六十甲与历史验证

中国的六十甲，就是根据干支来的，如甲子、乙丑、丙寅、丁卯……这样天干与地支配起来，便可以代表太阳系统这个天体和地球产生万有的变化；其中以气象的变化是最大的，也最显著，容易见到。万有的变化，各有不同，于是用干支配合，而且是天干的阳配地支的阳，天干的阴配地支的阴，阳配阳，阴配阴，依照次序轮流配合，完全相互配合，刚好满 60 个相配，成一周期，又从甲子开始，所以名为六十甲。

这种六十甲的配合，现在的人不大用了，但它到底好不好呢？将来可以看到，它好得很的。它记天体的运行，60 年一个大转，不管岁差如何（即天文上所谓的躔度，也就是古代说的太阳与地球间一天走一度，走完了 365.25 度为一年；以 365 天为一年，尚有剩余，将其剩余下来的度数，累积变成洞月，这就是阴历的计算。而阳历则是每年有 7 个月是 31 天，因为方法不同，数字一样)，但六十甲算下来，亿万年的宇宙数字，亦不差分毫，这是一个很伟大的法则。试看中国的历史，每个朝代换了、皇帝换了、年号换了，可是六十甲的岁次是固定不变的，必然 60 年一转。

如果把这个法则予以扩大，用途就多了。譬如尧登位，亦即他当皇帝就职那一天，为甲辰年，后来邵康章的算法以及一般的算法，都以这个干支为标准，这是历史上有记载的；在尧就位的时候，有五星联珠的现象，就是金、木、火、水、土五星，在天上列成一排，有一定的天象。把这第一个 60 年定为上元，名叫上元甲子，第二个 60 年为中元甲子，第三个 60 年为下元甲子，一共为 180 年；然后再扩大，第一个 100 年为上元，第二个 100 年为中元，第三个 100 年为下元，像连环套一样，套得整齐严密；再以这种甲子的法则，和《易经》等配合演变，就知道历史、社会、人类的现象，多少年有一个变化，如何变化；再配合中国天文学上，推算到该有什么人物出来，这是我们中国人发现的一个很妙的法则，也可以说是儒家孔孟思想里所说的“天人合一”。

以《易经》道理来看，这就是变，宇宙间的事情，到了一个时候必然变。至于变成什么现象？懂了这个大法则，再与具体人和事物联系起来，就可知会变成什么现象。

11. 十二生肖

古时候，为了让老百姓也能记住自己出生的年号，又使用了最简单的动物纪年法，后来称其为“生肖年”（生肖：“生”出生；“肖”相似、相像）。

关于十二生肖的记载，现有文献资料中，以春秋时《诗经》为最早。《诗经·小雅·吉日》里有：“吉日庚午，即差我马”八个字，意思是庚午吉日时辰好，是跃马出猎的好日子，这是将午与马相对应的例子。又见于《礼记·月令·季冬》：“出土牛，以送寒气。”

1975 年，在湖北云梦县，考古发现的战国末期睡虎地秦简与放马滩秦简《日书》中已经出现配有干支的十二兽，在兽名、干支排列上与后世十二生肖总体相似，其使用方法、占卜逻辑也与后世生肖相类。《日书》甲种有一章标题为《盗者》，其内容为占卜盗者相貌特征，其中记载 有：“子，鼠也，盗者兑口希须，……丑，牛也，盗者大鼻长颈，……寅，虎也，盗者状，希须，面有黑焉。卯，兔也，盗者大面头。辰，〔原文脱漏〕盗者男子，青赤色……巳，虫也，盗者长而黑蛇目。午，鹿也，盗者长颈小哘，其身不全。……未，马也，盗者长须耳。申，环也，盗者圆面……”由此可推测，睡虎地秦简与放马滩秦简《日书》中出现的配有干支的十二兽应是后世十二生肖的雏形。

南北朝《北史·宇文护传》中，记载了宇文护的母亲写给他的一封信，信中说：“昔在武川镇生汝兄弟，大者属鼠，次者属兔，汝身属蛇”。表明当时民间已有十二生肖的用法了。

《论衡》是东汉唯物主义思想家王充的名著。《论衡·物势》载：“寅，木也，其禽，虎也。戌，土也，其禽，犬也。……午，马也。子，鼠刀。酉，鸡也。卯，兔也。……亥，豕也。未，羊也。丑，牛也。……巳，蛇也。申，猴也。”以上引文，只有11种生肖，所缺者为龙。该书《言毒篇》又说：“辰为龙，巳为蛇，辰、巳之位在东南。这样，十二生肖便齐全了，十二地支与十二生肖的配属如此完整，且与现今相同，这的确算是古文献中关于生肖的较早的最完备的记载。

我国古籍中记载，古代的中原地区，最初使用的是“干支纪年法”。同时，也有采用地支配合12种动物来简单纪年。到隋朝时中原历法传至中国西北地区的游牧民族，他们在历法的纪年上仅吸收了12种动物纪年法。因此才有《唐书》中记载：“黠戛斯国以十二物纪年，如岁在寅，则曰虎年。”另外，《宋史·吐蕃传》中也记载说，吐蕃首领在叙事时，以物纪年，所谓“道旧事则数十二辰属日，兔年如此，马年如此”。正像清代赵翼在《陔余丛考》中指出的那样，“盖北俗初无所谓子丑寅卯之十二辰，但以鼠牛虎兔之类分纪岁时，浸寻流传于中国，遂相沿不废耳”。这种关于十二生肖伏羲来历的解释，已经被许多人认可。

另外，关于十二生肖伏羲来历的说法还有：洪巽的《阳谷漫录》中说，12地支中位居奇数者，以动物的指或蹄也为奇数相配，如子位居首位，与它相配的鼠为5指，地支中居偶数位的，则取相属之偶数以为名，如牛与丑相配，为4爪。

明朝叶世杰在《草木子》中，把十二生肖伏羲的来历解释为：术家以 12 肖配 12 辰，每肖各有不足之形焉，如鼠无齿（无磨牙）、牛无牙（无尖牙）、虎无脾、兔无唇、龙无耳、蛇无足、马无胆、羊无瞳、猴无臀、鸡无胃、犬无胰、猪无眉、人则无不足”。它们最大特点都看不到眉毛。

明朝大学者胡俨写的《十二生肖诗》，不仅依次嵌入生肖名，而且一名一典，颇有情趣。诗云：鼷鼠饮河河不干，牛女长年相见难。赤手南山缚猛虎，月中取兔天漫漫。骊龙有珠常不睡，画蛇添足适为累。老马何曾有角生，羝羊触藩徒忿嚏。莫笑楚人冠沐猴，祝鸡空自老林邱。舞阳屠狗沛中市，平津放豕海东头。首句“鼷鼠”即水鼠。第二句的“牛女”即民间牛郎织女的传说。第五句的“骊龙”是龙的一个种类，其颏下有宝珠一颗，故谓之骊龙。第八句的“羝羊”即公羊，“触藩”指羊角触篱笆。第十一句的“舞阳”指汉高祖刘邦封名将樊哙为舞阳侯，他曾在江苏沛县以宰狗为生。最后一句是指汉武帝丞相公孙弘，当年曾在东海放过猪。

清代刘献《广阳杂记》引李长卿《松霞馆赘言》："子何以属鼠也？曰：天开于子，不耗则其气不开。鼠，耗虫也。于是夜尚未央，正鼠得令之候，故子属鼠。地辟于丑，而牛则开地之物也，故丑属牛。人生于寅，有生则有杀。杀人者，虎也，又寅者，畏也。可畏莫若虎，故寅属虎。犯者，日出之候。日本离体，而中含太阴玉兔之精，故犯属兔。辰者，三月之卦，正群龙行雨之时，故辰属龙。巳者，四月之卦，于时草茂，而蛇得其所。又，巳时蛇不上道，故属蛇。午者，阳极而一阴甫生。马者，至健而不离地，阴类也，故午属马。羊啮未时之草而茁，故未属羊。申时，日落而猿啼，且伸臂也，譬之气数，将乱则狂作横行，故申属猴。本者，月出之时，月本坎体，而中含水量太阳金鸡之精，故本属鸡。于亥中，猪则饮食之外无一所知，故亥属猪。"文中明确指出：寅月为虎，是一月；辰月是龙，即三月等等。

其他的说法还有种种。诸如：黄帝要选拔 12 种动物在天上按时值班。通过竞赛而选中了鼠、牛、虎等 12 种动物；十二生肖伏羲来源于原始社会一些氏族的图腾崇拜，按某次集会时各部落的强弱划分；十二生肖伏羲可能是从天竺引进的；或28个星宿分布周天，以值12个时辰。每个星宿都以一种动物命名。从每个时辰值班的动物中挑选某种常见的作某一年的代称等等，不一而足。

12. 地支与命理

中国古代把这套大法则，演变成小学问，用在算命、看相卜卦上，乃至用到侦判命案上，《洗冤录》中就有这方面的学问。

地支上有六冲，凡是对面位的都是冲，如子与午、丑与未、寅与申、卯与酉、辰与戌、巳与亥都是相冲的。冲不一定不好，有的非冲不可。

相对就是冲，这也是《易经》的道理。实际上所谓冲，是二十宿在黄道面上，走到太阳这个角度来，叫作冲；与太阳的方向相反，这就叫作合，立场相同就是合（如子与丑合、寅与亥合、卯与戌合、辰与酉合、巳与申合、午为日、未为月之六合，在十二地支中，还有两合、三合，等等）。还要有一个概念，二十宿在黄道十二宫的位置上，与太阳的躔度对立就变成冲，冲是表示有阻碍。再把天干地支配合成一图，亦即所谓的纳甲。

13、纳甲与易数

天干的位置是：东方甲乙木、南方丙丁火、西方庚辛金、北方壬癸水、中央戊己土，和地支相配，名为纳甲。也就是把五行、卦、天干、地支，归纳到一起。

用先天伏羲卦图的位置纳甲，为乾纳甲、坤纳乙、艮纳丙、兑纳丁、戊己在中间，震纳庚、巽纳辛、离纳壬、坎纳癸。

现在再看一年十二个月，六阴六阳的表即十二辟卦，代表一年气象变化的大作用。把纳甲用到这一面来，又是另一个不同的公式，学《易经》的象数要记住好几个不同的公式。在了解这些公式以前，首先要了解数的阴阳。数分为阴数阳数，也就是双和单，凡一、三、五、七、九等单数为阳数；二、四、六、八、十等双数，为阴数，又名偶数。阳数最高之数为九，读文天祥的《正气歌》“嗟予遘阳九”，意思就是到了绝路，运气已经绝了、到顶了，因为九为阳之极。而“十”又到了另外一个元的一了，以《易经》的数理言，永远是一个“一”。一加一所以等于二，单数到了“九”数为极点，所以《易经》中阳爻以九作代表，如乾卦的六爻都是阳爻，于是称作初九、九二、九三、九四、九五、上九等；阴数是倒算过来，为十、八、六、四、二，这表示阴阳是颠倒的。阴数以“六”在中间，阴取其中，因为阴数为偶，是相对的，而其中间的数是重点，所以阴爻以“六”为代表；如坤卦的六爻，称作初六、六二、六三、六四、六五、上六。

有人说懂了《易经》的数理，学起电脑就更容易。这话是对的，这也证明上古时我们的老祖宗发明的《易经》数理，比现在的电脑数理还更高明。

宇宙的道理，都是一增一减，非常简单；好像天秤一样，这头高了，另一头一定低了，所以只有加减，包括了乘除，也包括了一切数理；这还不算什么，人的智慧发达到最高也就最简化，只用这十个数字，便把宇宙的法则归纳进去了，只要一加一减就算出来。所以说《易经》的数理哲学，不是基础，也不是开始，而是最高明的归纳到如此简化的。

真正懂了《易经》以后，凡是最高深的数理，都会变得简化。从数字上看，只有一、二、三、四、五、六、七、八、九、十，加以推测，天地间的事理、物理都把握在手掌中。学了《易经》的人，正如道家所言：“宇宙在手，万化由心。”所以说这是我们文化的结晶。

三、何为姓名学

其一，姓名学是研究人名的分类、来源历史、型态改变、地理分布、文化意涵等的一门学科，为 Anthroponymy 的中译，一般又翻译为人名学，与地名学（Toponymy）同属专名学（Onomastics）的下属领域。早期姓名学以人名的来源和变化为主要研究对象，以词源学（Etymology）为基本工具，对语言学有所贡献，后来因为对地理分布、文化意涵的研究，也影响了历史学、民俗学、人口学，甚至与心理学、社会学、法学都有关连。

其二，姓名学是一套成熟的信息符号系统。中国的汉字是象形文字，最讲究音、形、意的组合搭配。不同的字音、字义及字形结构，蕴藏着不同的信息能量。中国古老的道家符咒就是由汉字演化来的，不同的符号对应不同的能量，可以调整某种的不利信息。使用姓名学时应当注意区分伪姓名学，目前流传最广的伪姓名学就是由日本人传到中国的只是单纯的计算笔划的“五格剖象姓名学”，目前很多姓名学软件都是根据这种伪名学研发的，姓名打分高的未必就是好名字。用中国汉字起名字必须注意音形意的组合搭配符合阴阳五行之理。

姓名学是一种含有数理学、阴阳、五行学概念的命理学，是中国古老象形文字演化来的一门学问，其根基涉及《易经》的基本原理。而且姓名学是一种很方便的命理工具，因为只需要利用“姓”与“名”，就能研究一个人的个性、与人之间的相处关系。简单来说，如果您今天遇到一位朋友，想知道他的个性如何，就可以在第一时间透过这种简单的方式了解。

姓名学是结构非常简单、很容易入门但却很难深入的学问。因为结构越简单的学问，往往背后隐藏的理论常常是很精妙的。尤其是坊间的姓名学书籍中经常有数理意义的错误，这样的话，就只得其门不得其人了。

中国姓名学，属于易学分支，博大精深，源远流长。在中国传统文化中一枝独秀。她结合了易经的宇宙全息规律，配合汉字的笔划数、五行、音律等特有信息，来为人们选择姓名，以达到趋吉避凶、趋利避害，至于人生理想境界的目的。是人类几千年来诸多学者、哲人智慧的结晶，是中华民族的瑰宝。

四、姓名学发展史

姓名学乃渊源于我国诸先贤的哲学思想，是我国的国粹。孔子所说的："名正言顺"虽属一句简单的话，其含意已暗示人之于姓名上的重要性。古代有句名言："有其名必有其实，名为实之宾也"。在《说文》一书中，训义"名，自命也"。

关于姓名学最早的记载，大概是在宋朝邵康节所著的《皇极经世术》里。在《梅花易数》之外，这是邵康节对于玄学的又一大贡献。邵康节在《皇极经世术》一书中写到了五音、四声、字韵、数律，随后，他与蔡九峰首创了《八十一名数图》《八十一数原图》《蔡九峰皇极八十一数图》，研究探讨了笔画的吉凶。

到了明朝的时候，万育吾所编的《三命通会》中，有《五音看命法》一章，但是全文大约只有三百字的简述，篇幅比较有限。此后，姓名学在中华大地几乎失传。

一直到了近代，大概在20世纪20年代，日本的熊崎健翁根据蔡九峰的著作加以修订，重新出版了《熊崎姓名学》，并在日本授徒万人。1936年的时候，留学日本的日籍台湾留学生白惠文经熊崎健翁同意，将熊崎的著作翻译成了汉语，像《姓名之命运学》《姓名学之奥秘》等，由瑞成书局出版。至此，姓名学重新出现在中国。

五、姓名与《周易》中阴阳五行的关系

姓名与阴阳五行的关系是根据我国古老的经典《易经》中的八卦：乾、坤、震，巽、坎、离、艮、兑；推演为六十四卦，每一卦实为符号“—”（阳）和“－－”（阴）的累加变化而成“—”阳，表示刚、阳、男、强和奇数1、3、5、7、9等象征积极的事物和因素。“－－”阴表示柔、阴、女、弱和偶数2、4、6、8、10等象征消

及的事物因素。阴阳奇偶的变化，代表了事物“象”与数的各种因在关系。

传统的五行理论是以金、木、水、火、土五行相生相克的道理，来分析事物之间的内在关系。五行相生就好比母生子有相亲相爱之情，意味着顺昌、吉祥：

木生火，火要依靠木薪来维持燃烧。

火生土，土要依靠太阳，火不断普照。

土生金，金要依靠山岩，土壤储藏保存。

金生水，水要依靠铁器来开通疏导。

水生木，木要依靠雨水来露滋润灌溉

五行相克好比战争，彼此敌对，互相残杀，意味着艰难、凶灾。

木克土：土壤要依靠林木防止崩塌。

火克金：金属要烈火来使其熔化。

土克水：流水要土壤掩阻其泛滥。

金克木：林木要用金属来砍伐。

水克火：烈火要用水来扑灭。

世间万物之根为数，宇宙，也是数；而数始于一终于十，万数终由一、二、三、四、五、六、七、八、九、〇来表示。五行也是数，传统理论划分为：

以1、2为木、1为阳木、2为阴木。

以3、4为火、3为阳火、4为阴火。

以5、6为土、5为阳土、6为阴土。

以7、8为金、7为阳金、8为阴金。

以9、10为水、9为阳水、10为阴水。

这就是将“象”与“数”与五行结合起来推演变化，用以揭示事物发展变化的内在联系。

第二章
姓名学的现代科学意义

一、为什么说姓名很重要

现在社会越来越讲究姓名学，独生子女的娇贵，已经到了一个小孩刚出生，父母就已经找了各位“大师”帮小孩起姓名，还要讲究五行搭配，现在姓名学的花样已经发展到“五行搭配，干活不累，风水配合，大富大贵”这样的吹嘘程度。当然，有很多大师不学无术，以各种歪理来打动为人父母花大钱来为孩子改个富贵名字，但事实上姓名学真有科学实用性吗？它也属于骗人“封建迷信”的花招吗？

要解释清楚姓名学的实用与否，这要牵涉到

神秘的“符咒”理论。当然这个解释比喻很牵强，但为了让各位读者能理解姓名的作用，最简单容易理解的只能用这个理论了。当我们天天都说同一句话或一件事的时候，在你心理意识中不知不觉就会留下一个深刻的意念，用现代科学理论上说这叫意识，对这句话或这件事有一个主观意识，可以反映客观世界，并会通过实际行动把意念付诸现实。例如以前的“文化大革命”，在每日都反复讨论灌输阶级斗争的情况下，人都或多或少进入一种非理性的精神状态，认为阶级斗争才是整个世界最真实的一面，在这种氛围下，就象是“咒语”一样控制人的思想和行动，以致潜意识。在那个年代，不管你是否理智或感性，都被周围的口号感染，而一起投入革命热情中。

同样的道理在宗教上被应用得最广泛，每个宗教都要求信徒们每日都虔诚诵经，就是要你每日都反复接受同一个意识或思想，让它在你意念中深深扎根，从而影响你的意识和行为以致你的人生态度，从而达到洗涤你心灵的效果。当然宗教观念都是劝人为善，对你也只会产生正面的影响。在长期的经文朗读下，会不知不觉地影响你自己。

同样“符咒”也有一样的作用，只要经常诵读，同样会影响自己和周围的客观世界。但这样的影响是“潜意识”的，绝对不会在短时间内就产生力量。你的名字从其他角度说就是别人对你希望或鼓励的“符咒”。很简单的例子，例如父母给你改名字都带有某种对你将来的期望。例如光华，耀国，家强等等。不是希望你将来富国强家吗？这些还很直观，还有一些相对隐含的就更不用说了。总之，名字是或多或少情愿不情愿，自觉不自觉地“标签”了你一生人的心理态度，它最少包含了父母长辈给你的“希望”的“符咒”。你的名字在一般情况下，一辈子都不会改。那么它一辈子都影响了你，跟随了你一生的起伏，标签了你的人生结论。就象符咒一样潜移默化你的潜意识和思维。和你打交道的人都叫你的名字来“符咒”你一生。既然这样，难道你觉得名字就不重要了吗？从这看来，一个好的名字确实能从心态上给你一个好的影响，起码你喜欢自己的名字，你的心态就好，这是最直观的。

二、取名莫被“迷信”忽悠

解释了以上疑问后，后面就说到姓名学最实用的阶段：什么样的名字才是对自己最有正面帮助和影响的名字？现在社会上流行的什么天格地格人格这样的姓名学取名方法很多，让人觉得眼花缭乱。但是名字要起得最符合你自己的话，必须要配合你自己出生时间的八字才最理想，缺什么补什么，需要什么给什么。这里单指五行来论。这是最实在的方法，因为它可以直观地补充你八字上五行的不足，产生帮扶你的作用，这是很实用的方法，而且又简单易行，方法是看你八字缺五行中的哪一或两行，然后挑选代表那一或两行的汉字，作为你名字的考虑。例如你要火，那么那些火字部首或带火意思的汉字你都可以考虑。例如焕，炎等。或带火意思的都可以，例如阳，熊等。由于太多选择，这里不一一列举了。在考虑了上面问题后，就考虑笔划和是否好听顺口易记等问题。总之要自己灵活掌握。这就是后面要具体讲的“周易从字”取名法。

或许有喜欢钻牛角尖的人会问：姓名学是中

国人用汉字来增补五行姓名的学问，因为汉字是方块字，一笔一划都看得清楚。又有边旁部首，所以很容易理解，但世界其他国家语言文化都不同，例如西方国家用英文，法文，西班牙文等，他们都是以单词字母的形式来表达语言，和我们中国的方块字有根本的不同，如果你说姓名学真的科学，应该放在世界其他地方都可以。但现在西方国家语言文字和我们差别太大，那又如何用得上呢？字母单词根本就没有所谓五行之分，那如何用呢？如果真用得上，那英文，法文，西班牙文等姓名学又如何用呢？

语言学发展的历史这么久，到现在为止已经发展到各种不同的造字造词法，就拿我们汉语来讲，就有象形、形声、会意、转注、假借、指事6种方法。西方语言虽然不象我们汉字用方块字，但也有会意，指事等造词方法。同样可以变通使用。例如你五行需要火，你出生在使用英语的国家，那么你的名字可以用火的会意词例如 HOT（热）SPARKLE（灿烂），SUNNY（阳光）SHINE（明亮）等。都有光明热力的意思，都属火。你需要木的话，可以起与木有关的名字如

BUSH（丛林），TREE（树），FOREST（森林）等。缺金就用 GODLEN（金），SILVER（银）等金属类意思的词做名字。其余剩下的水和土都可以找类似性质或意思的词起名字，怎么行不通呢？《周易》的魅力就在于不同时间地点，不同社会环境下变通。如果不会变通，就永远不会进步。

还有一些更具体的问题：姓名学除了讲究五行搭配外还要考虑笔画数的问题，以汉字为例笔画有简体字和繁体字之分，到底以哪个为准？另外比如我姓李，如果姓名这东西真如你所说这么有作用，干脆我也叫李嘉诚算了，那么我也可以成为华人首富了！能行吗？

这个问题看上去难以解答，其实很简单。先说笔画问题。《易经》的魅力在于在任何地方都能变通，如果你出生并长期生活在中国大陆，就以简体字为准计算笔画吉凶。如果出生并生活在港澳台或东南亚华人地区，就以繁体为准。这似乎很矛盾，但原理很实用而且毫无矛盾，因为你生活的地区的语言文化决定了你名字书写时候的状况，就会影响你名字的“符咒”状态。你肯定要跟随你所出生或生活地区的“语言符咒”来入乡随俗了！这里还有一个文化衔接的情况。例如李嘉诚虽然出生在广东潮汕地区属于中国大陆，但他出生的那个年代中国还是用繁体字的时候，笔画计算肯定还是以繁体为准。直到60年代中期，我国才推行简体字，如果这时候在中国大陆又有人叫李嘉诚的话，笔画计算那就要用简体字为准了。外语一样有古文体的，如果有兴趣就读读英国莎士比亚时代的英语文学或诗歌你就知道了，里面很多时态语法和现代英语有很大不同，另外里面很多英语单词都是现代英语里没有或属于冷僻字的，任何语言也都是发展变化的。这些都是语言学家经过研究后得出的结论。

另外，人家叫李嘉诚你也叫李嘉城。你也想做华人首富吗？首先你都要有他的命局，最起码人家的机遇和你就有差别了。因此你改个和他一样的名字唯一的好处，就是容易让别人记住。

如上所说，整个宇宙是由信息和发送信息者组成的一个庞大交流系统，这个交流系统的载体包括颜色、形态、结构、数码、光、声、电磁波等，其功能都是接受并传送信息。闻其名则知其人，闻其味则知其物。名字的神、音、意、形、数暗示作用的变化，于是便产生了灵动力，随即对个人、企业的潜意识产生了诱导作用。

一个人的好名字，一定不能决定这个人的终生命运，但长期使用却能对这个人进行有益的调节。因此，一个吉祥的名字不但能给人带来健康，而且能带来好的运气，助人成功。当然，只有在个人积极进取的心态下，用“名字信息”来调动个人潜能才会收到良好的效果。如果个人的心态消极，任何有益的措施也不能使他交上好运。由此可以看出，选择好的姓名信息只是人趋利避害的一种方式。

三、姓名对人的影响

1. 姓名对人的性格和交际能产生影响

姓名功能之一是人际交往的工具，在交际中用来供自己或别人呼叫。当别人呼叫自己的姓名时，名字的音波律动，像是有节奏跳动的音乐符号，其平仄声调由高、低、强、弱、长、短组合而成，有的名字组合声调具有号召力，有的名字组合声调是悲调，有的是慢调，有的是快调，有的是强调，有的是弱调，有的名字是中调，有的名字是短调，名字中的这些音波律动信息长期伴随着拥有它的当事人，通过全身器官，主要是耳朵传送给人体。由于声调刺激内耳中的球囊，内耳神经便自发反映，这种自发反映又通知大脑来调节人的行为。因此，美妙动听的名字所蕴涵的音波信息对人体气脉场产生有益的感应辐射，调理人体生理节律。

人们都有一个共同的体验：当听到优美的音乐舞曲时，在享受中不自觉的产生跳舞的冲动。闻乐起舞的原因就源于音声对人体具有诱导感应力。实践中发现，性格孤僻或内向的人使用的名字大都含悲调或慢调音意信息。曾经有个人叫温学曼，性格十分内向，很少与人交往。改名温倡杰使用一段时间后，与别人的交往逐渐多了起来。因为新名字蕴含明快的调子，在人际沟通中新名字具有积极作用。音波不但对人产生作用，而且对植物也有影响。科学家对于宇宙的生命与音声的关系也有一些研究成果。20 世纪六七十年代有科学家发现，植物对大部分音乐和声音有反映，对磁场、电磁有反映，在一定的条件下，这些都会促进或抑制植物的生长。科学家还发现，爵士乐和古典音乐一般都会给植物带来好影响，而摇滚乐则产生反作用。声音与植物的交流所使用的“语言”，就是音的波动声音，包括波长、频率、速度，将声音信息传递给植物并对植物的生长产生影响。

2．改名能调节人的“心理”

改名的情绪动机，是个人在社会制约下，借助命名行为的一种心里表达。由于个人改名是相对自由的，所以改名具有心理转变的功能，起化解个人情感冲突和化解个人与社会冲突的作用。例如，当一个人在单位声誉不佳时，常自感受人鄙视，这就是他长期处于自我压抑的状态，给其造成沉重的心理负担。当他改名后，有可能心情逐渐好转，工作就变得积极，人缘也好了。改名主要表达当事人的愤世嫉俗、远大抱负、爱慕、向往美好生活等心理。改名能对当事人起到积极的诱导暗示作用，激励当事人去奋斗。因此，从心理动机上分析，改名是一种心理自我抚慰和暗示。一个好名字能时时唤起人们的美好联想，使当事人得到鞭策和鼓舞，自信心也不断增强，名字的心理暗示逐渐转化为心能，即意念力，顽强的意念则使人变得坚强。姓名信息对人的潜意识有自动开发、导航的功能。

姓名信息对人产生心理诱导力，在现代心理治疗中也被充分应用。比如心理医生针对患者的心理疾病中的自卑症和抑郁症对症下药，在治疗中让患者每天坚持自呼本人的姓名。严重的心理疾病患者，在用药治疗的同时，再用此法配合治疗，患者康复的速度明显加快。在现代心理潜能开发培训中也时常利用姓名信息，当事人在称呼本人姓名的心理诱导暗示下，也培养出“我一定赢”，“×××一定成功”的潜在内驱力，使自己不畏艰险地朝设定的目标自发地冲刺。人活着，一生不如意之事在所难免，因此每个人都要向命运挑战，有志之士在人生旅途中不妨巧用姓名信息传递升华作用，来激发出自己的心理潜能。综上所述，心理暗示原理是姓名信息对人生产生积极作用的重要依据。

3. 姓名能够启发人的智慧

姓名虽然是由几个汉字组合起来的，但是每个字都具有神奇的力量。因为汉字是中国五千年文化的产物和结晶，是具体的文字全息符号，是奇特的灵性符号。因为它具有“字形藏埋，字音通意，同形同宗，同音意通”而久盛不衰，独耸于世界文字之林。草木秋死，松柏长青，汉字是举世公认的最有价值的字符。中国汉字与其他国家的文字截然不同。汉字的单字有单字的内涵，不仅有表音、表形、表义的功能，而且有更重要的其他功能，单字组合起来又有多层信息，每一字都体现出《周易》所揭示的宇宙全息规律，包含着科学知识和文化信息。汉字由图形变化为图画符号，由图画符号变为字形文字，有复杂变为简单，凝聚了中国先人对社会与自然细致入微地观察体味的精髓。

中国社科院哲学所研究员、北京国际汉字研究会副会长李敏生教授，在其所著《汉字哲学初探》一书里写道：“人的主体性、独立性，人的自我意识在汉字产生时就已经显得很鲜明、生动。”萧启宏老师在其著作《汉字通易经》中强调指出：不能把汉字仅作为记录汉语的符号，汉字是负载着科学知识和哲学思想的全息符号。汉字不是脱离现实事物的纯主观的东西，而是具有记录人的思想，创造并反映现实的一切概念的能动的力量……汉字是能动的，它对语言、人的思维具有改造的能力，即升华、提高、精炼、概括等能动的作用。

汉字不是一个抽象的驱壳，不仅仅是被动、孤立的记录符号，它具有启发调动意识的能动性。正因为汉字的这种功能，汉字才有灵性的威力。

心理学家所作的一项有趣味的实验，也证实了汉字开发人类的智力与思维具有神奇功能。心理学家们曾在上海对中美儿童进行智力对垒实验，在 12 个项目中，中国儿童有 10 个项目得分最多。是中国儿童天生比较聪明呢？还是不同种族的人大脑功能上存在着差异呢？都不是。专家们认为，这是因为中美各自文字系统的缘故，汉字在启迪人类智慧的领域内具有神奇的特异功能。

因此，汉字有一个极其重要的功能，就是调动人的意识能动性、启迪人类的智力与思维的特异功能。

4. 姓名对健康具有诱导暗示作用

2002年，美国行为医学会第19届年会上，专门讨论了“姓名与寿命的关系”，详细研究了加州从1969年到1995年的死亡人员证明书，最后得出的结论是：姓名缩写含贬义的男性，如PIG（猪）、BUM（酒鬼）、UGH（呸）、DIE（死）、SAD（悲伤）等，比姓名缩写毫无意义（不好不坏）者平均短命2.8岁。而姓名缩写是褒义的男性，如JOY（欢乐）、LOVE（爱）、WIN（赢）、WEAL（幸福）、WOW（巨大成功）、LIVE（生活）等，比姓名缩写无意义的男性平均寿命又增长4.48岁。这就是说，姓名含褒义的男性比姓名含贬义的男性平均要多活7.28岁。美国的行为医学专家们显然不是在搞迷信，他们把人的种族、性别、死亡时间、社会经济状况及父母忽视等原因综合起来，仍然无法解释新的研究成果。报告说：“惊人的发现是，父母给孩子起的名字，似乎可以改变孩子今后的死亡原因及时间。姓名缩写贬义者，不仅寿命较短，而且所患疾病的种类也更多，意外死亡发生率最高。”

汉字作为一种神奇的音象、意象、形象符号，不但能开启人的智慧，而且能调理人的心情、养生、治病、消灾。这是汉字的一项极其重要且鲜为人知的重要功能。关于汉字的养生功能，在中国古医书籍中已有介绍，能够养生的 6 个汉字——嘘、呵、呼、哂、吹、嘻。“嘘”字理肝气，“呵”字理心气，“呼”字理脾气、“哂”字理肺气、“吹”字理肾气、“嘻”字理胆气。“六字养生诀”就是通过呼气默念简便易行的这六个字，用字之气来影响相应脏腑，使气血得以疏通，调和，从而达到祛病延年、强身健体之功效。

第三章
姓名学基本知识

一、姓氏

中国的姓名由来已古，在远古时期创立姓氏的主导思想是以母系为起源，以女姓为核心，在许多有关姓氏的传说中和一些姓氏的用字方面考证，都在不同程度上反映了这个基本的意识。

文字的创立是前人经验和智慧的结晶，也是人类步入文明的标志。对于“姓”、“名”等字的原始意，就很好地说明了这一点。据汉代许慎在《说文解字》中说“姓”人所生也，从“女”、“生”这是对“姓”的产生的解释。

人们常说：“以姓氏笔划为序”。姓与氏是联在一起的，表明姓与氏相等，但这是现今的概念，在先秦以前，姓与氏是两个不同的概念，且在先秦时有严格的区别。

在家族、氏族没产生以前的远古时代，人类生活在一种游猎与原始游群状态中。没有确定的婚姻关系，也没有真正的组织。经过长时期的发展，原始的游群发展成一种较高级的形态，即母系氏族社会。在这种社会组织中，男子出外游猎，漂泊不定，而女子往往定居一方（与现在的定居概念应有不同），从事采集生产。相比而言，女子的食宿反倒有所保障；而男子则是饥一顿、饱一顿，成为“投宿者”。由于男女没有固定的配偶，其子女只知有母，母亲便成为后嗣唯一确认的尊亲。“古元时，未有三纲六纪，世人但知有母，不知有父。”（《白虎通·三纲六纪》）中国古代神话传说，女娲为人类始祖之一。女娲人首蛇身，且曾因“四极废，九州裂，天不兼覆，地不同载”而“练五色石以补苍天”（《淮南子》）。这一神话传说，反映了原始社会母权制时期的影响；人首蛇身，可能是蛇图腾的反映。这种由母系为中心的氏族，子女从母而为母系系属。我国最古老的姓氏姬、妫、姒、姚、姜等，或从女旁，或含女字，绝非偶然。这种姓，是母系社会共同血缘关系的标记和表征。

在原始氏族的某一时期，有一氏族（或部落）从穴居和洞居中走出来，构木为巢。巢居是人工的产物，不同于利用自然天成之物的穴居和洞居。应该算做一种“发明”。且巢居的环境比穴居和洞居的环境要舒适多了，这一首先发明巢居的氏族，便自称或被称为“有巢氏”。而第一个发明钻木取火的氏族，则自称或被称为“燧人氏”。

由此可见，原始氏族中的“氏”，与先秦时代的“氏”概念有所不同。当然，图腾氏族中的图腾标记，有的可能被传递下来，成为后来某一家族的姓氏；但更多的图腾标记没有被传递下来，其氏族后裔并没有将图腾标记引为姓氏。

上古的姓，源于母系，该是没有大疑问的。即便黄帝和炎帝是由于出生在姬水和姜水，从而得“姬”和“姜”，有从“女”旁和含有“女”，那么姬水流域和姜水流域可能就是姬姓母系氏族和姜姓母系氏族繁衍生息的场所。

黄帝以“姬”为姓，却不称“少典氏”，而称“有熊氏”和“轩辕氏”。这是由于黄帝所率领的部落群在战胜炎帝所率领的部落群以后，又打败了蚩尤率领的九黎族部落群，然后驻在“有熊”这个地方（相当于后来的建都）。黄帝的氏族部落以驻在地而得“有熊氏”。至于“轩辕氏”，一说“轩辕”也是地名，《史记·五帝本纪》载：“黄帝轩辕之立，而娶于西陵之女，是为嫘祖。”还有一说，黄帝（氏族）因发明了以马拉车，而得“轩辕氏”（古代一种有帷幕而前顶较高的车为“轩”，车前驾牲畜的两根直木为“辕”）。这与“有巢氏”、“燧人氏”的来源类同。

炎帝以“姜”为姓，又称神农氏。《白虎通·号》：“古之人，皆食禽兽肉。至于神农，人口众多。禽兽不足，于是神农因天之时，分地之利，制耒耜，教民农作。”发明农业的氏族，被称为“神农氏”。

综上所述我们可以看到，人类的原始游群时代，母系氏族时代乃至上古五帝时代（父系氏族）的姓与氏，不同于先秦和现代的姓氏观念。那时不仅可分支，可以重新命名，就是姓也并非全由其后人承继、续传。

上古至西周的帝、王姓氏如下：黄帝，姬姓，有熊氏；颛顼，姬姓，名顼，高阳氏；尧，祁姓，名放勋，陶唐氏。舜，姚姓，名文命；汤，子姓，又称武汤、武王、天乙、成汤；姬发，姬姓，名发，即周武王，姬昌之子。

从以上帝、王姓氏可见，以姓名合一而称，是从西周开始的。姬昌（周文王）传子姬发（武王），姬发以下为成王姬诵、康王姬钊、昭王姬瑕等，东周最后一个王为悼王姬猛。

姓、氏合一，是战国时代逐渐而形成的。到了汉代，大多的人便只称姓而不称氏了。这与家族的宗法制度的确有关。

由此可推出，华夏人的姓名，在文字创立的远古时代就已诞生，而中华民族有文字可考的历史约4000余年。文字产生之后，姓名才有了个人文字标志的功能。远古时期传说中的盘古、女娲、伏羲、神农、黄帝、炎帝等这些开天辟地的创世巨人，他们的名字早在文字创立之前就流传在民间，只是到了文字产生之后，这些传说才被后人整理出来，记录下来。

据考证，在我国古代先有姓氏，而后有名。姓氏是指姓与氏的合称。据《左传·隐公八年》："无子建德，因生已见易姓，胙之土而命之氏。"《通志·氏族略序》："叁代之前姓氏全而为二，男子称氏，女人称姓，氏可以别贵贱，贵者有氏，贱者有名无氏。姓可以别婚姻，故有同姓、异姓、庶姓之别，氏同姓不同者，婚姻可通；姓同氏不同者，婚姻不可通。叁代之后姓氏合而为一。"据统计，我国见之于文献的姓氏就有 5660 个，其中单姓的 3484 个，复姓的 2030 个，三字姓 146 个。当然这里还不包括四字姓五字姓和没有上书的姓，以及明清移居中原的蒙古族、满族人译改的姓。

事实上，对中国人姓氏的统计古已有之，明朝有《千家姓》，清朝也有自己的《百家姓》，由中科院发布，用两年时间调查完成的《中国姓氏统计》则是中国历史上第一部按照姓氏数量排序的"新百家姓"。主持这项研究课题的中国科学院遗传与发育生物学研究所研究员袁义达，在介绍中华姓氏时说：姓氏暗藏大玄机。

玄机一：姓氏暗藏遗传密码

“此次的姓氏调查，目的并非仅局限于统计姓氏数量，实际上，姓氏是连接文化遗传和生物遗传的一个桥梁”，袁义达解释说。中国长期以来姓氏随男，而从遗传学角度来说，只有男性具有 Y 染色体，那么 Y 染色体就同姓氏一起遗传给男性后代，那么具有同样姓氏的人群也就具有了同样类型的 Y 染色体以及它所携带的遗传基因。“调查中我们发现，很多遗传疾病只在同样姓氏的人群中传播，统计好姓名的数量和分布，对于研究人类遗传学就有了很大帮助”。

玄机二：同姓不一定同家

中国人见了面，总是要问姓名，如果发现跟自己是同一个姓就会倍感亲切，认为两人“五百年前是一家”，“实际上这并不可信。比如说中国第一大姓‘李’，有些是来自‘嬴’姓，有些是来自‘赵’姓，唐朝时‘李’姓被李世民分赐给了开国元勋，甚至在后魏时期，鲜卑的复姓也有改成‘李’的”。但是，姓名却成了中华民族凝聚力的黏合剂。

玄机三：中国姓氏最有内涵

袁义达说，实际上不仅在中国，在世界上，

姓氏也是一个重要的文化传承符号，但世界上没有一个国家姓氏传承得像中国这样完整而且有内涵。“比如说日本，虽然也有姓的存在，但文化内涵极少”，袁义达解释。在日本明治维新前，只有少数的几个姓，明治天皇为了改革，要求全国人民都要有姓，于是短短几年时间里，出现了8万多个姓，而且没有源头及意义，多数是以位置名来代表，如松下、井上、田中，因此，日本学者很难把日本的姓氏与人类遗传联系起来。

在美国，虽然有固定的姓氏，但区区200多年的历史还不能形成文化的传承，因此，美国学者对本国人的考证主要从肤色、毛发颜色和眼球颜色来确定。而在英国，姓氏则比较稳定，其来源主要有直接借用教名，或在教名上加上表示血统关系的词缀等来表示某某之子或后代，还有在教名前附加表示身份的词缀。还有反映地名、地貌或环境特征的，以及反映身份或职业的，至于后来出现的由双姓合并而来的姓氏，虽然出现较教名晚，但数量要多得多。而在王室，旧时采用“爱德华”作为姓氏，后来还出现了较新的“温莎”。在欧洲大陆，姓氏通常是用来区分出生地的标志，二战时，欧洲军队曾把同一姓氏的军人分为一组，用以增加部队的凝聚力和战斗力。

实际上，对中国姓氏的调查早在20年前就曾经进行过，但当时调查的抽样率很低，只统计了57万人，找到了3000多个姓氏。

此次由袁义达主持的研究课题调查人群数量将近3亿，覆盖几十个县市，基本上涵盖全国。在这次调查中，很多生僻的怪姓也被发现，这些姓氏从来没有被记载过 。

袁义达举例说，在河南，研究组发现四个姓“难”的小村，里面的男女老少全姓“难”，当时研究组曾认为这个姓是笔误造成，不具有统计意义，但韩国文化署听说了这个消息后，异常惊喜，马上组织了一个“寻根访问团”来到中国。

原来，“难”姓在韩国人看来，就是自己的根源，“他们告诉我，河南曾出土过一块南北朝时期的石碑，记载一个鲜卑族官员的事迹，他的名字就叫‘难楼’，‘难’姓随鲜卑北迁，松花江当时也改名成了‘难江’，随后，这些姓‘难’的鲜卑族才到了现在的朝鲜半岛，因此，河南这些姓‘难’的村民就被韩国人认为是自己的祖先”。

1. 姓氏排行榜三大姓追源

第一名：李

根据排序，李姓是中国的第一大姓，据袁义达讲，在调查的近3亿人中，李姓占了13%。

李姓来源甚广，有数百之多，最早出自“嬴”姓，春秋时期流行以官位作姓，道家学说的创始人老子因祖辈为理官，遂以理为姓氏，后传为“李”。唐初开国元勋诸将徐、邴、安、杜、胡、弘、郭、麻、鲜于、张、阿布、阿跌、舍利、董、罗、朱邪共16姓被赐予李姓，由此人丁大增，逐渐发展为中国第一大姓。

第二名：王

王姓为第二大姓，占总人数的12%。

一般帝王的后裔称王子、王孙，随后便用作姓氏，另外，王姓也由很多其他姓氏变化而来，最多的出于“妫”姓，相传为古帝虞舜之后，另外，姓王的人也有些是商纣时比干之后，甚至古高丽国君也是王姓。

第三名：张

张姓为第三大姓，占总数的11.8%。

据《元和姓纂》中记载："黄帝第五子青阳生挥，为弓正，观孤星，始制弓矢，主祀张星，因姓张氏"。因此相传张姓源于黄帝，是黄帝的后代，张姓自汉代开始逐渐增多，与当时道教的兴起与流行有关，当时盛行"黄帝赐姓张氏"的说法，比如当时的道教领袖如张角、张鲁等。

2. 三小姓探究

倒数第三：岊（音"亚"）

袁义达的研究组在安徽省郭阳县和辽宁省彰武县偶然发现这个姓，共有2000人左右。

有意思的是，这些人互相都没有联系，但都清楚自己姓的来源，他们都称自己是岳飞的直系后代，当年遭到秦桧的迫害，逃亡到此，把"岳"字上下颠倒，组成了这个新姓。

研究组帮助他们互相之间取得了联系，同时，考证了姓氏的来源，确实如他们所说。

倒数第二：死

"死"姓主要分布于中国西北部，是由北魏时期，少数民族的四字复姓发展而来，目前人数呈减少趋势。

倒数第一：难（读去声）

分布于河南省，是南北朝时期鲜卑族的姓发展而来，原本是一种鸟类的名字，由于当时人崇尚鸟类，把姓起成了“难”，后北迁，大部分迁徙到了朝鲜半岛，中国已极少存在。

二、人名

远古时代，我们的祖先过着群居生活，生活的主要内容是通过自卫来保护自己和采集、狩猎以维持生命。他们的生活十分原始，还不需要姓名来分清彼此。所以老子在《道德经》里说：“无名万物之始，有名万物之母。”后来，随着社会的进步和人口的增多，人际之间的交往日渐频繁，为了把某一群人和另外一群人区分开来，便出现了某一群人共有的标志，亦即我们所说的“姓”；在一群人中间，为了把彼此区分开来，也就出现了只属于个人的标志，这种标志也就是我们所说的“名”。在社会交往中，无论哪一群人，在自己内部只用“名”便可以彼此区分，若与另一群人交往，仅仅称“名”便不足以表明自己的身份，只有把自己所在人群的标志“姓”与自己的标志“名”结合在一起，才能充分地表达自己。这种一群人的标志和自己标志的结合，便是人类最早的姓名。

关于人类名字的起源，从汉字“名”字本身也可推知其最初的含义。“名”字由“夕”和“口”组成，对此《说文解字》解释说：“名，自命也，从口、夕。夕者，冥也，冥不相见，故以口自名。”意思是说，在早期的社会交往中，人们白天相见，可能通过形体、面貌、声音相互识别，一旦到了晚上，相互看不清楚，就只能通过自报名字来区分你我了。可见，人名的产生是社会交往的需要，它最本质的作用，就是在社交中便于彼此区别。

不过，人类早期的名字还不如后来那样固定。如人们在“以口自名”时，可以用自己身体上某些特征作为各名，让别人容易识别；在一些人识别某一个人时，也可以把这个人的某些特征作为他的名字或代号。这种做法，与我们后来习惯把某位身材较高的人称为“大个子”，把某位走路时腰枝左右摇摆的小姐称为“风摆柳”十分相似。

据研究，我国最早拥有自己固定名字的人可能是那些传说中氏族社会的首领或在部族战争中出现的英雄。这种说法，也是符合社会发展规律的。

在文字出现以后，原来由口头表达的人名也进化到文字阶段。在目前已发现的原始社会的陶器中，上面都刻有一两个符号，据专家考证，这些符号多与早期的人名有关。如果这种解释能成立的话，那么，不同的人名就是我国最早的文字。到了商周时期，我国的文字大量出现并趋向于定型，其中的很大一部分也是人名。如在商代的甲古卜辞中，不仅有“名”这个汉字，而且还有示壬、中丁、外丙、小乙等人名。这些都是我国最早见于文字记载的名字。

总之，人名是在人类社会处于原始时期而出现的一种文化现象，它的起源和发展经历了一个由不完善到完善的过程，最早，它是人们随意用来区分彼此的称号，以后又演变为固定身份的标志。在文字出现以后又以文字形式记载下来。从它产生的那天起，就已显示了无可替代的作用。随着名字本身的不断发展和完善，名字也越来越成为人类社会不可缺少的东西。

人的名字是人类文明发展的佐证，也是一个社会的文化现象；就个体生命和自我价值而言，一个人的名字又是个体存在与生活的象征。一个又一个具有自我姓名的个体组合或社会群体，共同履行着社会义务和个人职责。名字对社会和个人如此重要，因此，我们在给子女起名，或未成年人改名起名时，都应精心酝酿，细心行事，让一个响亮吉顺而又张扬个性的好名字永远伴随他，去履行社会义务，去完成人生使命。

三、字辈

字辈，名字表示家族辈份的字（多为名字中间的字），俗称派。其意均为修身齐家，安民治国，吉祥安康，兴旺发达。字辈是中国传承千年的重要取名形式，也是古代一种特别“礼”制，它一直延续到现代。由于各种人为的社会原因，自20世纪五六十年代以后，世人对字辈普遍变得陌生，这种现象在年轻一代更是明显。

（一）字辈的形式

1. 类诗体

说字辈多属于类诗体，类诗体一般是以四言、五言的居多。

（1）四言类诗体

四言类诗体属于比较常见的，其广泛被各大家族使用。譬如山东日照丁氏，他们在清光绪二十六年（1900）六修丁氏家谱时，从第十三代开始将字辈定为："惟我家谱，履历备详，原籍海州，肇始武昌，明初来照，相宅河北，天启开科，崇祯任职，乡贤名宦，德言事功，显扬令绪，繁育兴隆，聿愿同心，孝敬和睦，世代绵长，丕承祖泽。"这套字辈以四言的形式，叙述了日照丁氏的来历、迁徙、发展以及对子孙后世的祝福与期望。再如贺龙元帅家族的字辈，贺氏先人贺从先，明末从军来湘。第二代叫贺云贵，第三代兄弟五人，分别以象、虎、龙、凤、凰名之。除贺凰无出外，余者繁衍成今日洪家关贺氏四大房。从第四代起，贺氏宗族即以"大廷良士，文学兴邦，光宗耀祖，世代永昌”十六字排辈。在桑植，贺氏宗族支脉繁多，盘根错节。“门第鼎盛，簪缨蝉联，世为吾邑望族”绝非虚妄。贺龙乃贺氏第三代长房贺象之后。先祖贺大忠，曾祖贺廷宰。廷宰公幼读诗书，颇具文采，但命交华盖，屡试不第。他只得开馆授业，在家乡教起私塾来了。不过廷宰公“丰有财宅”，热心公益，乐善好施，全乡闻名。

再如张氏孝友堂宣统年间族谱记载字辈为：“国正治朝，万事学道，本在其中，运泰有兆，愿复克家，滋大长保”；陈氏湖北陈秋颜后裔“鸿新世绪，敬迪前光，传家孝义，华国文章，诗书启秀，英俊联芳，善有余庆，和则致祥，欣逢泰宇，景运延长，政先仁惠，科尚贤良，惟兹后裔，锡福咸康，允循训典，定保荣昌”；江西欧阳氏字辈“仲国淑景，高先以民（宋淳熙派），永广时之，崇曰文思（明永乐派），充士正立，今尚愈光，汝克可效，天兆孔良（明弘治派），彝伦攸叙，寿尔载尝，保佑盛鼎，厥后定昌（清嘉庆派）”等等，这些都算是比较优秀的四言类诗体字辈。

(2) 五言类诗体

在中国字辈形式中，五言类诗体应用比四言要更广一些。通常情况下五言读起来更通畅，记起来更容易。使用五言字辈最有名的家族要数孔氏家族，自孔氏第五十五代开始字辈为“希言公彦承，宏文珍尚衍。兴毓传继广，昭宪庆繁祥。令德维垂佑，钦绍念显扬。建道敦安定，懋修肇懿长。裕文焕景瑞，永锡世绪昌。”

除四言和五言之外，还有七言、八言的。七言的像程氏湖北省江夏区：“晋戍元谭程氏叟，世系流衍在歙休，明伊隶洛光先绪，凤岳守歙迈众流，庆祖从命迁鄂渚，文孙有志壮千秋。神童本系江南出，伫看楚立万世侯。”八言的有著名武侠作家金庸家族的，即著名海宁查氏家族字辈：“秉志允大继嗣克昌，奕世有人济美忠良，传家孝友华国文章，宗英绍起祖德载光。”此字辈自海宁查氏第七世开始用，金庸为二十二世良字辈。

2. 对联

除了类诗体以外还有以对联形式出现的字辈。但是这种形式的不是太常见。最早的就是赵匡胤为其后代拟定的字辈加上自己的匡字组成一副对联："匡德惟从世令子，伯师希与孟由宜。"

一般情况下字辈就这两种形式，但是也有一些比较特殊的。譬如明朝朱元璋为其后代订的字辈，朱元璋考虑到后代会有重名的现象所以就给他二十几个儿子和一个侄子每个人的后代各订了一套字辈，而后又作规定，他们的后代除了使用所定字辈之外，名字中第三个字还必须以五行相生的形式为偏旁来定。他的儿子辈均为木字旁所以其孙子开始就以火为偏旁，这样就以木—火—土—金—水的形式往复。这样其实是定了双重字辈。定双重字辈的还有清朝皇族，自雍正帝以下字辈为"胤弘永绵奕载，溥毓恒启，焘闿增祺，敬志开瑞，锡英源盛，正兆懋祥"并且名字另一个字是按照一定的偏旁起的，比如雍正兄弟几个都为"示"字旁，咸丰兄弟都为"言"字旁，同治光绪兄弟都为"水"字旁，宣统兄弟都为"人"字旁等等。再有的就是单纯规定偏旁的字辈。譬如《义桥谱》载，宋中散大夫韩休卿所订萧山韩氏8世派语为："心之言可，山问日世。"像前四个字一般都是做偏旁用的。还有一种用法就是像《越韩谱》载，明刑部尚书韩邦问为绍兴韩姓所订16世派语为：“人淳禾溥，金信水贞，火明土永，木茂竹承。”这套字辈规定后代字辈是单双字间隔的，像“人”实际说的就是以“人”为偏旁。

（二）用法

有些家族字辈用法可能有些独特，像前面说的山东日照丁氏字辈：“惟我家谱，履历备详。原籍海州，肇始武昌。明初来照，相宅河北。天启开科，崇祯任职。乡贤名宦，德言事功。显扬令绪，繁育兴隆。聿愿同心，孝敬和睦。世代绵长，丕承祖泽。”此套字辈每四个字为一代，每一代的人从四个字中任选一个使用，不分先后、不分主次，著名物理学家、诺贝尔物理学奖得主丁肇中就是这个家族的，为“肇始武昌”中的“肇”字辈。再如广东梅州五华、河源程氏40个字辈为：“国家传世德，理学必宗先，孝支宜为则，崇文作善元。燕翼富强本，知书万道全。品行铭高洁，昌兴起俊贤。”后来又定下了40个副字为：“邦光其佩毓，兆吉福相延。开智明龙启，敬业定飞腾。

勤修竞荣秀，常思乃识远。长隆显达贵，千秋怡乐天。”与前40个对应，这样可以选用前4个字或者后40个字中的一个使用。还有的家族规定人活着和死了使用不同的字辈，即规定两套字辈每个人两个名字一个是活着时候用，一个是死了之后用。不过这种方式不常见。

字辈应该说一部完整家谱不可或缺的部分，是一个家族的印记。通过字辈可以把两个不认识的人团结到一块儿，可以使陌生人之间产生突如其来的亲切感。更能够增强各群体间的凝聚力，字辈作为姓名学的一部分，应该很好地继承和发扬下去。

（三）举例

1. 孔氏字辈

在明代以前，孔氏后裔没有固定的行辈，那时人数尚少，各家取名很随意。从四十五代起，已注意订定行辈，但还不严格，同辈人多采用同一偏旁或同一字作行辈字。明代初年，太祖朱元璋先后赐给孔氏十字作为行辈字，从五十六代起排，此后孔氏族人不准随便取名。衍圣公府还专门颁布了《孔氏行辈告示》：“……今依所定吉字开列于后，凡我族人俱当遵照所开列行辈，取名训字。有不钦依世次随意妄呼者，不准入谱。”明崇祯年间，六十五代衍圣公孔胤植报请皇帝，又立十字十辈。清同治年间，七十五代衍圣公孔祥珂经皇帝核准，又立十字十辈。1919 年，七十六代衍圣公孔令贻由中华民国内务部备案续立二十字二十辈。以上几次订定的行辈字计五十字五十辈，为五十六代到一百零五代，依次为：

希言公彦承弘（宏）闻贞尚胤（衍）

兴毓传继广 昭宪庆繁祥

令德维垂佑 钦绍念显扬

建道敦安定 懋修肇彝常

裕文焕景瑞 永锡世绪昌

2. 明朝皇室字辈

明太祖给每个儿子定了一个辈分表，每个表 20 个字，从他的孙子开始依次向下起名字。还有一个规定，从子辈起，每五个字辈的命名，以五行顺序，在同辈之内依次以偏旁部首命名。顺序是：木—火—土—金—水，轮回旋转。

明太祖各儿子家的辈分表分别是：

太子家：允文遵祖训，钦武大君胜，顺道宜逢吉，师良善用晟。

秦王家：尚志公诚秉，惟怀敬谊存，辅嗣资廉直，匡时永信敦。

晋王家：济美锺奇表，知新慎敏求，审心咸景慕，述学继前修。

燕王家：高瞻祁见佑，厚载翊常由，慈和怡伯仲，简靖迪先猷。

周王家：有子同安睦，勤朝在肃恭，绍伦敷惠润，昭格广登庸。

楚王家：孟季均荣显，英华蕴盛容，宏才升博衍，茂士立全功。

齐王家：贤能长可庆，睿智实堪宗，养性期渊雅，寅思复会通。

鲁王家：肇泰阳当健，观颐寿以弘，振举希兼达，康庄遇本宁。

蜀王家：悦友申宾让，承宣奉至平，懋进深滋益，端居务穆清。

湘王家：久镇开方岳，扬威谨礼仪，刚毅循

超卓，权衡素自持。

代王家：逊仕成聪俊，充廷鼐鼎彝，传贻连秀郁，炳燿壮洪基。

肃王家：瞻禄贡真弼，缙绅识烈忠，曦晖跻当运，凯谏处恒隆。

辽王家：贵豪恩宠致，宪术俨尊儒，云仍祺保合，操翰丽龙舆。

庆王家：秩邃寘台鼒，倪伸帅倬奇，适完因巨衎，鹭眷发需毗。

宁王家：磐奠觐宸拱，多谋统议中，总添支庶阔，作哲向亲衷。

岷王家：徽音膺彦誉，定干企禋雍，崇礼原谘访，宽镕喜赉从。

谷王家：赋质僖雄敞，丛兴阐福昌，笃谐恂怿豫，扩霁昱祯祥。

韩王家：冲范徵偕旭，融谟朗璟逵，亶韶愉灏恺，令绪价蕃维。

沈王家：佶幼诠勋胤，恬理效回瑝，湜源譓晳暐，圭璧澈澄昂。

安王家：斐序斌廷赏，凝覃浚祉襄，恢严颛辑矩，缜密廓程纲。

唐王家：琼芝弥宇宙，硕器聿琳琚，启龄蒙颂体，嘉历协铭图。

郢王家：伟闻参望奭，箴诲洎皋夔，麒麟馀积兆，奎颖晔璇玑。

伊王家：颙勉諟訏典，褒珂采凤琛，应畴颁冑选，昆玉冠泉金。

靖江王（朱元璋侄子）家：赞佐相规约，经邦任履亨，若依纯一行，远得袭芳名

补：鲁王家：

肇泰阳当健，观颐寿以弘，振举希兼达，康庄遇本宁。

贤鸿祯孟礼，瀍尚启天英，承先瞻祖懿，敏劭载襄明。

宝肃晗乾佩，乔芳圣紫珩，玅昱昭玄冠，来仙信远隆。

燕王登基后历代皇帝的姓名：

成祖（朱　棣）

仁宗（朱高炽）

宣宗（朱瞻基）

英宗（朱祁镇）

宪宗（朱见深）

孝宗（朱祐樘）

世宗（朱厚熜）

穆宗（朱载垕）

神宗（朱翊钧）

光宗（朱常洛）

熹宗（朱由校）

思宗（朱由检）

四、古今起名的三种主要方法

1. 五格剖象法

起源于日本，经过众多人士的研究和实践，此法被逐渐地完善和系统化。五格剖象法起名是以《易经》的“象”、“数”理论和阴阳五行理论为依据，姓名笔画数构成天格、地格、人格、外格和总格的数理关系达到最佳组合，从而对人产生有益的诱导和感应作用，化解人的灾难。因为数码就是传递能量的信息波，数字的排列组合决定着物质的变化，人本身就是各种物质的组合体，能够与宇宙大自然的信息相沟通。利用数字信息能量，激活人体生物波，从名字中获得良好的信息感应，但是五格数理起名方法只适合五行齐全，阴阳平和的八字。

2. 生辰八字起名法

根据四柱八字中的喜用神，结合命理阴阳，五行衰旺，在名字中补入适合八字的五行，以名字来调节八字的五行平衡，从而形成人体的一部小的风水格局，八字命理是一门深奥的学问，古有一命、二运、三风水、四名字、五学识之说，因此在名字中补入八字的喜用神具有天人合一的效果。

3. 周易八卦起名法

现场起卦，或者根据孩子出生时以及母亲怀孕时的先天应兆起卦，根据卦中所示的寓意来展开联想，或直接引用卦中术语为孩子命名，此种方法在古时深受王公士大夫所推崇。用此方法起名，脱离了五格三才的限制，因深奥难懂，故用之较少。

五、民间取名三十三忌

1. 忌粗俗

粗与细是相对的，俗与文是相对的。所谓“粗”字就是粗糙的未经加工的带有原始味道的字词。美的名字应当是一件精致玲珑的艺术品，“粗”是与它格格不入的。用“粗俗”字起名主要表现为：用词粗鲁、俗气未经加工。如狗蛋、野猫、牛仔、石头、黑孩、毛妹等，这些大多是乳名，也有的用作大名。

2. 忌洋化

不要起洋化的名字。我们是炎黄子孙，我们有我们的道德、伦理、文化，起名要有民族特色，而不应起外国人名，如：约翰、玛莉、丽沙等洋名。等孩子长大了给交往带来不方便。

3. 忌狂妄自大

起名用字不能太狂妄、太放肆。因为狂妄、放肆是缺乏修养的表现，它不仅是一种自我暴露，而且也是对他人的不敬，容易引起反感。为人谦逊，是中国人的美德。一个狂妄自大的人，不管其能力如何，总是要四面受攻而处境不利的。像“独尊”、“超人”、“超众”、“无敌”之类的名字，便容易引起这方面的后果。

4. 忌用某些不祥动物名

某些动物的名称不宜入名（绰名除外）。如：蝇、虱、鼠、狼、豺、猪、鸡、鸭、蛇、蝎……但有些动物名称却常常可以入名，如虎、豹、鸽、燕、雁……如取名为马金豹、李文虎、王平鸽、赵小燕、冯金雁……

5. 忌用表示辈分的称谓字

表示辈分的称谓字，一般不入名（绰号除外），如：爷、奶、爹、爸、妈、孙、儿……但有些称谓字却经常入名，如祖、姐、妹、弟；取名为张继祖、李念祖、王祖贵、顾小妹、杨三姐。以“祖”为名，常有配合的字。这一配合的字，都是一些特定的、后辈人与祖辈有所联系的字表示后辈对祖辈的尊敬、怀念、承继等。如配入其他不敬之字，则为大忌。“儿”字也有例外，如隋末有农民起义领袖魏刀儿，唐贞观年间有宫廷乐师裴洛儿，唐代上官仪的孙女为上官婉儿。

6. 忌用带女的贬意字

与女性有关，但又含贬意的字，不适宜入名。如：婊、娼、妓、嫌……

7. 忌文艺作用中典型人物名

文艺作品中典型人物的姓名也多为后人不取。某些典型人物的姓名，与某些著名的历史人物一样，也已家喻户晓。如：秦香莲、孟姜女、花木兰、贾宝玉、林黛玉、薛宝钗、王熙凤、孙悟空……

8. 忌用过头字

“过火”指超过了“分寸”，超过了合适的“度”。常见的有两种情况：一是自夸“过火”，形成“自吹”，效果不佳，如陈万策、卜万科、管万敌，这些“万”字显然是夸大其辞，令人难以置信；陈柱天、孙天柱、何承天，这些名字显然是过分夸大了自己的作用和力量。另一类是自谦“过火”，形成“自残”、“自贬”。谦虚应当有个限度，否则违背了这个原则，就会走向反面；如：王拙、刘迂、衷痴、虞愚。

9. 忌用绕口的字与词

有些名字读起来费劲、听起来吃力，弄不好就会读错、听错。原因何在？取名用字拗口，几乎成了“绕口令”。如伶州鸠、沈既济、叔孙州、胡楚父、吕励艺、傅筑夫等。忌用“绕口”字起名，主要是指不用双声、叠韵字起名。

10. 忌用过繁字

“繁”字是指笔画多结构复杂的字，这样的字写起来麻烦又不好看。名字中繁字多了就会造成黑白失调，黑糊糊的一片，透不过气来，令人产生憋闷感。

11. 忌用冷僻字

名字是与别人打交道的工具，要尽量选用众人能认能读之字，而不要选用太冷僻的字。

12. 忌用相同部首字

三个字的部首偏旁完全相同。例如，江浪游、何信仁、郭郁邦。

13. 忌音不雅

名字读起来要响亮，要顺口，不要读起来死气沉沉，甚至拗口，尤其不要起谐音不雅的名字，如“朱石”谐音“猪屎”，“柏材”谐音“破财”，“丁会师”谐音“定会死”等等。

14. 忌浅露

起名字最好含蓄一点，类似于“万富”、“伟大”、“雄才”、“豪杰”等等的名字就太浅露了，容易引起反感，不属好名。

15. 忌用拼盘之字

有的名字不是经过深思熟虑、反复推敲、精心选字组词制作出来的，而是随意找几个字凑起来的，就像一个“拼盘”，它有如下特征：①中心意思不明确，如田川流。②字词的搭配不和谐，如陈刚强。③字词之间存在着矛盾与混乱现象，如林森火。

有的名字，姓与名意思脱节甚至对立，造成了语义的矛盾与混乱。如毛铁桥，“毛”与“铁桥”如何配搭？齐如山，“平齐的山”没有意思，而“像山那样整齐”似乎又不通，“齐”与“山”的关系不好调解；羊舌虎，“羊舌”与“虎”或者“羊”与“虎”，是不可能并存的，这样的名字违背常理，是典型的“杂凑”。

16. 忌用消极之字

消极字大体分三种类型：一是纤弱型，如石缝中的小草那样纤细瘦弱，令人可怜。陆瘦燕、周瘦鹃、陈秋草、薛用弱、雷弱儿、丘弱等，是纤弱型的代表。二是忧伤型，含苦茹悲，忧伤孤独，内心酸楚，令人哀叹。独孤郁、黄连茹、韩颓当、子沮、颜孤、孤竹、国哀、庞晃（彷徨）等，是忧伤型的代表。三是灰暗型，寒风嘶鸣，白霜茫茫，阴霾沉重，前途暗淡，令人心凉。陆厥、孙默、张假、孙抑、姜晦、普寂、严霜、废名、周懒予、谢念难、徐悉艰等，是灰暗型的代表。好的名字应当具教育作用、鼓舞作用、审美作用和益智作用，因此，用“消极”字取名，不可能成为“美名”。

17. 忌用多音字

汉字中存在着一字多音的现象。3500 个常用汉字中，有 250 个多音字。这些多音字至少有两个读音：“参”有三个读音（参观）、（参差）、（人参）。如：王朝闻、周长行、张重参。什么时候读甲音，什么时候读乙音，要根据语言环境判断出来的。

因此，考虑到多数读音的便利，还是以忌用多音字起名为好。注意，更不要用两个多音字组词取名，那将是麻烦上再加麻烦，读音很难处理。如“周长行”，这个名字有四种读法，这就会给别人造成很大困扰。

18. 忌用男女不分

女性起典型的男名，男性起典型的女名，在名字上容易造成性别的混乱。好的名字应当体现性格特点，应当便于社会交流。而不是“异化”。

具有明显“异化”倾向的名字是，男子用红、彩、花、香、静、风之类的字取名；女子用雄、豪、壮、伟、飞、龙之类的字取名。

19. 忌用“丑陋”的字词、事物或现象词

如张丑、卢丑、直接用“丑”字命名。

猪狗由于杂食常被看成是丑、脏的家畜。有的地方骂人时说：某某连猪狗都不如。可是有些地方却以“猪狗”作人名，这显然是受“贱名长命”落后意识的影响。这种做法是对人名文化的玷污，是应当坚决扫除的。

用令人厌恶的毛虫命名。如虮虱、甘蝇、仲虺、汤蝼、张蚝、梅虫儿、王蜀、许莫等。

用令人不快的动物命名。如董狐、海采、猫头鹰一类的凶鸟。

用令人不快的社会现象命名。如牛牢、樊篱。樊篱指鸟笼子，比喻不自由的境地。

20. 忌用“凶坏”字

“凶”、“坏”字取名，主要表现在两个方面：一是用“病疫”字取名，过去有疮痤、许点、石

痴、宿瘤女以及王怄、陈果等。这些名字不仅表明了身体的病态，而且造成了精神的压力，使人难得开心一笑。二是用“凶祸”字取名，如元凶、朱邪、郭老虎、许赤虎、王罴、洪水、乌云、黄天等。

以上这些都是不可取的。

21. 忌用“恶劣”字

这里的“恶劣”字包括两层意思，一是指品德方面的，二是指造成“恶劣”后果的。用这两种意思起名，都会给正直、善良的人们造成反感，因而是不可取的。如坚刁、刁协（邪）、唐狡、狂狡、熊疑、赵奢、谷缺、吴贱安、李混子等，是用“恶劣”的品行字命名。

表示后果“恶劣”的名字，如崔夭、陈完、闽损、赵衰、杨弃、普穷、叶光、田芜、孔围、营终、寒贫、周公卒、孔翁归、国归父、郭则沉、陈大悲、熊负羁、毕祖朽等。这些名字，有的以死而终，令人沮丧；有的“衰”、“沉”，情绪低落；有的“贫”、“穷”，生存艰难；有的“悲”、“弃”后果难堪。这样的名字，容易给人造成颓丧感、压抑感，而毫无生气和鼓舞向上的力量，所以也是不可取的。

22. 忌用嫌疑之字

所谓“嫌疑”字，是指人们特别敏感的一些字，如乌龟、王八、秃、驴、醋、酸、臭、绿巾等。名字中直接用这类字的几乎没有，但是谐音转化成这类字的偶尔仍有出现，这也是应当避免的。如吴（乌）金贵（龟）、王霸（八）业、吕（绿）金（巾）荣、项尚（上）图（秃）、班之侣（驴）等。

23. 忌用贬义字

前面说过，名字应当音、义、形兼美。用“贬义”词取名，不符合“义美”的要求，因而应当忌用。但是，从古至今，用“贬义”词起名的现象层出不穷，这是应当引起注意的。

先让我们看一下用“贬义”词起名的典型例子：希卑、慎溃、冀缺、孟陋、任鄙、文五、汉黯、刁匙、严重、问隅、贾混、百家奴、唐土耻、邓扒才、张落魄、阁大肥、恶怪愚等，这些名字的“贬义”鲜明，一望而知，不必解释。还有一类是需要略加评点的，如胡笃（糊涂）。郭（锅）翻、吴（无）德、韦彰（违章）、叶光（叶子落光了）、陈规（陋习）等。

24. 忌用“赚人”字

所谓“赚人”，即指赚人的便宜。名字是用来呼唤的，有些词语用作名，甲呼唤，乙应答，在一呼一应中乙就赚了甲的便宜。这样就容易引起不必要的纠纷或者造成心理障碍，影响正常的社会交往，取名时应回避这类词语。

容易造成“赚人”效果的词语主要有两类：一类是用于尊长的称谓词，如父、叔、伯、翁、公、老、祖、宗、姑、娘、母、奶、婆等。用这些词语命名的如家父、文叔、诚伯、史翁、记公、阿老、郑光祖、列宗、李发姑、张玉娘、云四婆等。这些名字，如果呼应，就有“赚人”之嫌。另一类是用于表示官衔、职称及尊称的词语，如相（丞相）。

25. 忌用伟人、先贤之名

崇敬伟人、仰慕先贤是一种积极向上的精神，但这与用伟人、先贤之名起名是两码事。有人以为，用伟人、先贤之名取名，就是对伟人的崇敬和对先贤的仰慕，其实不然。崇敬伟人，就应学伟人的思想、品格和精神；仰慕先贤，就不应以先贤的名字为名，这本身就缺少“创造精神”，不符合伟人与先贤的教诲。

26. 忌“俗气”

这里说的“俗气”包括两个方面：一是思路上的俗套子，如沿用过的老一套，起名字仍然围绕着福禄财喜、仁寿安康、光宗耀祖、礼义廉耻、忠厚贤德、金银珠宝、龙虎凤鳞、英花兰香等兜圈子，走不出新路子。二是套用俗词俗语起名字，缺乏新鲜感。如高山、高峰、华夏、商丘、唐诗、章法、正常、玄虚、康乐、严肃、应用、京城、廖得金、刘盆子、毕修勺、商大节、许善心、金如山、高连升、马兰花等。

27. 忌“疏漏”

所谓“疏漏”，是指起名时由于考虑不周而造成的漏洞、产生的遗留问题，也即有“后遗症”。常见的“后遗症”有二类：一是汉字具有多义性，起名时往往顾此失彼，考虑不周，造成其他语义方面的“疏漏”。比如马蹄疾。这个名字是用典，唐代孟郊：“春风得意马蹄疾，一日看尽长安花。”在诗句中“疾”是轻快的意思，反映“登科”者的得意心情。可是单独抽出三个字来用作名字，语境变了，理解就允许有所不同。“疾”的另一层意思是“疾病”，从这个角度理解，这个名字就很不吉利了。二是借用成语的字词直名，却没有认真推敲成语的意义，由此造成名字“语义”的不良倾向，这是另种“疏漏”。比如有人名叫“黄粱”，其实“黄粱美梦”是个贬义的成语。

28. 忌用语言或谐音不美的字词

语音或谐音不美，其主要指如下一些情况：吴的读音与“无”相同，组词时容易由谐音而转义，造成话柄。如“吴礼”——无礼。因此，吴姓起名时受到一定限制，最好不直接与仁义礼志信、明亮光方正、平安宁静乐、康健喜悦颂、德功道德惠、福禄寿晶星等字组词。也就是说，吴姓起名时选字更应反复推敲，应当避开的字尽量避开，不能留下“后遗症”，给名字的主人带来麻烦或不快。

其次为语义不美的因素，是指多义词姓氏中，有的义项为贬义或在使用中表现出贬义。

29. 忌与多数人同姓名

要尽量克服从众心理，绝不要赶“时髦”而起的名和别人一样。要处心积虑，别出心裁，独树一帜。要有“名不惊人誓不休”之精神起出与众不同的好名字。

30. 忌用祖先的名号

在古代汉族起名，一般避讳祖先的名号。其原因有二：一是汉族传统极讲辈分。以祖先名号为名，便打乱了辈分的排序。同时，也会被视为对祖先的不敬；二是汉姓汉名的格局所决定的。

汉姓名，首先是承继分姓，然后起一个只代表其本人的名字（单名或双名）。汉姓名在承继了父姓以后，如果再加上祖先的名字，那么两者就没有丝毫区别了。

31. 忌用秽物不洁之字

某些表示秽物和不洁的字一般不作名号。如：脏、屎、尿、屁、痰、鼻涕等。当然也有例外，比如某些人或某些地区有给孩子起“贱名”、“丑名”、“脏名”的习俗，为的是让孩子不为病魔和妖魔光顾，便可消灾免祸、长命百岁。其实这是一种迷信，且大多流行于穷乡僻壤和缺少文化的地区。

32. 忌用表示疾病的字

某些表示疾病和不祥的字，一般不入字号。如：灾、难、凶、恶、祸、厄、疥……但也有例外。如汉代有名将霍去病，汉宣帝刘询初名为“病已”，南宋有著名词人、爱国将领辛弃疾。不过“去病”和“弃疾”，是不要病、不要疾，为“病”和“疾”的否定。但不知“病已”初起之时为何意，是指天干的第六位呢，还是指自己？

33. 忌用人体器官起名

人体的大部分器官名称不入名（绰号除外）。如：眼、鼻、舌、脸、喉、嘴、脚、胳膊、腿、肺、肝、肾、胃、脾……在古代有的也入名，甚至常入名。如秦汉时有赵相名张耳，战国时代的楚怀王名熊心，但那毕竟是在古代。

六、应当注意的姓名的谐音问题

在现实生活中常遇到由于长辈给孩子起名不当，使得孩子从上小学到工作都常被同学、同事作为笑料。这些都会造成孩子心理上的压力或负担，从而导致孩子性格上的孤僻、缺乏上进心、心理缺陷等。

有位小男孩名字叫：于刚（不良谐音通——鱼缸），家长请我给孩子改名时说同学经常笑孩子，说要买鱼时就叫他。常常被当作同学闲时消遣的对象，渐渐地孩子的脾气有点怪了，有些怕与同学说话，与当时起名时的意愿完全相反了。

用谐音来起名，俯拾皆是。如：武岳，谐

“五岳”；潘峰，谐“攀峰”。这些同音不同形的字，使人们一听到这些名字，就自然而然地与语言中有意义的词的相同语音联系起来，使名字的内容更加丰富。

在正常的情况下，姓和名是合在一起，而不是分开的，我们对名字的谐音，一定要和姓氏连在一起考虑。按人之常情，给自己的子女取名，都会取褒义，或至少是中性谐音的。如：“高健”谐“高见”、“程刚”谐“成钢”等等，都是很成功的，谐音取名的优点在于：含而不露、意在言外、使人感觉含蓄，不落俗套。

用谐音取名还一种情况，那就是“雅化”。有人小时候没有大名，只有小名。长大后觉得小名不雅，又不愿改动太大，就用谐音的办法，找一个或两个比较文雅的同音字来代替原来的名字。如：小名叫“影子”，长大后叫“英姿”。

故此好的姓名谐音能为本人树立正确的人生观及奋斗目标，同时亦可提高本人的运势。

1. 利用好的姓名谐音对人的影响

利用谐音取名字，其实在我国很早以前就有。

如在明清时期，张彪字越千，后来因谐音改字“月阡”；赵冀字云松，又因谐音改字“耘松”；特别是著名文学家曹雪芹，更是利用谐音取名的高手。他在《红楼梦》一书里，把这方面的才能发挥得淋漓尽致。如他认为生活本来是“原应叹息”的，于是便取出了元春、迎春、探春、惜春4个人名，4人名中的第一个字联起来就是“原应叹息”4字的谐音。此外，他塑造的英莲是位命运坎坷的姑娘，为合“应怜”的意思，便用谐音为她取名英莲。

近、当代利用谐音取名的人更加多了起来。如鲁迅幼名樟寿，是“长寿”的谐音；又名豫山，因与“雨伞”谐音，遭伙伴讥笑，改名豫才，其中“才”仍与“山”音近。又如当代政治家董必武，名字是由他原来号“壁伍”的谐音而来的。上述这些例子，尽管大多是用谐音改名的，但多能使由谐音而来的名字比原名更加具有意义。因此，是不乏借鉴作用的。

2. 在利用谐音取名字的时候，最好利用谐音以姓生名，这样可以使谐音的作用更加突出

如姓彭的人可以为孩子取名“友”，姓名合起来就是“朋友”的谐音；姓盛的人可以取名“利”，姓名相合就是“胜利”的谐音；姓苏的人可以取名“籍”，姓名相合就是“书籍”的谐音；此外，假若想取3字的名字，可以在姓名谐音中或姓名谐音后加入别的字，使之成为3字名，如原名“彭友”的人可以在姓名之间加入“良”、“善”、“常”、“益”等字，成为彭良友、彭善友、彭常友、彭益友等新名字，不仅保留了原来由谐音而来的“朋友”原意，而且还为“朋友”增加了新的内容，同时又可以避免因单名过于简单而容易造成的重名，收到一举多得的效果。

第四章
走出取名的几大误区

一、流行的五格剖象法

近当代在给人起名改名时，经常遇到对五格剖象姓名学存在错误理解和认识的朋友。他们的观点主要是受流行的某些学术影响所致，对姓名学的认识处于半明半愚之间。

名字本身并不一定对应着吉凶，按阴阳理论，名字的吉凶是同时包含的，名字只是在特定的人身上发生作用，就同古时测字，同一字不同的人测有不同意义。因此，纯以数理为主的五格剖象法等姓名预测，并没有足够的“科学性”。不对人只对名字的预测分析，根本毫无意义。

五格剖象法是目前较有影响的一种取名法。最初在公元1918年初，由日本人熊崎健翁开创，因此五格剖象法也称作“熊崎氏姓名学”，其核心就是将人的姓名按五格剖象法来解释。

五格数理是依据姓名的笔画数和一定规则建立起来天格、地格、人格、总格、外格等五格数理关系，并以其所谓的81灵动数，来推算人的各方面运势。

（一）基本内容：

1. 从人格与外格的数理关系可推断人生的性格和一生总的情况。

2. 从地格数理可推算人在年轻时期的人生历程及其与子女、部下、朋友和同事的关系。

3. 从总格数理可推断人在中年以后的人生历程。

4. 从天、人、地三格数理关系可推断人的健康状况和生活顺利与否。

5. 天格与人格之数理关系为成功运，由此可推断人的事业成功率的高低。

6. 人格与地格之数理关系为基础运，由此可推断人的基础稳妥与否。

7. 从外格与人格数理关系可推断人的家族亲缘厚薄及本人社交状况的优劣。

（二）五格计算方法：

1. 天格：复姓，合计姓氏之笔画；单姓，再加添一数。如司马光，司马是复姓，天格是 5 + 3 = 8；李刚，李是单姓，天格是 7 + 1 = 8。天格乃祖先留下来的，其数理对人影响不大。

2. 人格，又称“主运”，是整个姓名的中心点，人一生的命运，均由此人格推断。其构成是姓氏最下字与名字最上字笔画数之和。如：刘江海，人格数是 6 + 6 = 12。司马懿，人格数是 3 + 22 = 25。

3. 地格：由名字全部笔画数构成，称为“前运”，主管人中年以前的活动力。如是单字名，再加添一数。如司马懿，地格数是 22 + 1 = 23。刘江海，地格数是 6 + 10 = 16。

4. 总格：合计姓与名的总笔画数，主中年至晚年的命运，又称“后运”。如司马懿，总格数是 5 + 3 + 22 = 30。刘江海，总格数是 6 + 6 + 10

=22。

5. 外格：总格笔画数减去人格笔画数，如是单字名或单姓，再加添一数。主管命运之灵力。如司马懿，外格数是 30 - 25 + 1 = 6。刘江海，外格数是 22 - 12 + 1 = 11。

（三）天、人、地格三才配置：

天、人、地三才配置对人的身体状况、婚姻家庭及人的基础运和成功运具有重大影响。

天、人、地三才数理只计 1—10 的数，超过 10 以上的数，除掉十位的数，只计个位的数，若个位的数为 0，则按 10 计。

（四）数理参照：

1. 吉祥运暗示数（代表健全、幸福、名誉等）：1、3、5、7、8、11、13、15、16、18、21、23、24、25、31、32、33、35、37、39、41、45、47、48、52、57、61、63、65、67、68、81。

2. 次吉祥运暗示数（代表多少有些障碍，但能获得吉运）：6、17、26、27、29、30、38、49、51、55、58、71、73、75。

3．凶数运暗示数（代表逆境、沉浮、薄弱、病难、困难、多灾等）：2、4、9、10、12、14、19、20、22、28、34、36、40、42、43、44、46、50、53、54、56、59、60、62、64、66、69、70、72、74、76、77、78、79、80。

4．首领运暗示数（智慧仁勇全备、立上位、能领导众人）：3、13、16、21、23、29、31、37、39、41、45、47。

（五）姓名学笔画计算的一些特殊规定：

1．数字：

一 1 划

二 2 划

三 3 划

四 4 划

五 5 划

六 6 划

七 7 划

八 8 划

九 9 划

十 10 划

百 6 划

千 3 划

2. 文字部首：

扌（手），提手旁，以手字计划为四划。

忄（心），竖心旁，以心字计划为四划。

氵（水），三点旁，以水字计划为四划。

犭（犬），犬字旁，以犬字计划为四划。

礻（示），半礼旁，以示字计划为五划。

王（玉），斜玉旁，以玉字计划为五划。

艹（草），草字头，以草字计划为六划。

衤（衣），衣字旁，以衣字计划为六划。

月（肉），肉字旁，以肉字计划为六划。

辶（走），走马旁，以走字计划为七划。

阝（邑），右耳旁，以邑字计划为七划。

阝（阜），左耳旁，以阜字计划为八划。

当然，五格学版本各不相同。但内容就差不多，对于刚看的人而言，这个可能是一个相当不错的理论。也就是这样一个看似严谨的理论，确是一个彻头彻尾的伪学理论。

二、五格剖象法批判

1. 名字评分制的荒谬

五格起名法多会给姓名打分，姑且不论评分的来源依据，就谈谈名字的分数值的准确度和应验值能否站住脚。分数值这个准则连幼儿孩童都知道：分数越高的就越好。那么对姓名的评分而言，分数越高的，好的姓名格局对其人命运层次就会应该有越高影响或暗示。有一点不可不知：在中国的术数中，人的命造的层次、相格的高低、风水布局的好坏等等，是不能、是难以用数字、数值以及分数等的形式来划分的，这点对于接触或研究术数时间长的人来说是认同的。

如果硬要评分的话，也只能给个大概的分数，笼统给个近似值。而五格剖象姓名学是起源于日本由港台地区传来大陆，逐渐兴起并融入中国术数中的旁系分支的一门预测学科，如果也依瓢画葫给名字打上分的话，也未尝不可。但从实践经验中得以证明：命造、相格、风水布局等分数越高的对当事人的命运就有越好的影响，这点是可以铁定的；但对尚未入主流的姓名学而言，名字分数越高的其人的命运层次未必也随着高，而名字分数低的其人的命运层次也未必低。对于后者，大家可以随便在姓名网中列举某些名人来验证便可知晓。也许有人会作出困兽犹斗、牵强附会的反驳：这是所谓的贵命贱名、贵名贱命另类特殊例子。但，既然姓名的分数高低不能有效影响、印验个人的命运，那么，给姓名打上分数的行为岂不是画蛇添足？

所以，名字的评分以游戏性质、娱乐方式的心态来看待是没人反对，但如果套入人的命运推算中的话，是害人不浅的行为。

2. 数理和字义对人影响（暗示）的可疑性

在五格姓名学中，数理的吉凶完全主导了名字的全局，某格数理不吉的，必会影响其他格的吉祥数理、三才配置以及名字的整体。换而言之，数理吉祥的其名就吉，数理凶的其名则凶。但从一些名人的名字的数理中，其名的数理虽有极为不顺、多挫败的数理暗示，但却应验不到其人的身上！竟属何因，相信用名字学的角度来解释也难自圆其说或作牵强附会的解释。

在字义上，也存在有不对板的现象，最常见的如“来福”、“有财”、“权稳”“建国”等等意愿良好的名字，但在这些字义吉祥名字人的当中也难得到相应的暗示。

但在起名时，用上吉祥数理的名字组合和字义吉祥文字是必为首选，是因趋吉避凶人之常情。

3. 天格和外格的处理不合理

在五格中，除了主格、地格和总格对人影响较大之外，天格和外格对人影响甚微，是因天格是先天的并要加一笔画来凑成（复姓除外），增添了水分成分，外格也同样要加一笔画。所以，天格和外格通常不考虑在内。

4. 笔画五行归属划分的谬误

在五行姓名学中，将尾数为1、2画的字划分为木；3、4画为火；5、6画为土；7、8画为金，9、0画为水；这个规定似乎可以接受，但大家有没有深人想想，汉字的来源必然有它的含义，并不是随便起的。如果将经历了几千年演变的汉字按以上的格式简单地划分五行的话，岂不是对汉字是一种“亵渎”？如果对五格姓名有一点深入了解的人就会发现：现时那些网站把汉字五行的划分方法并不是完全按照以上的方法，它的主要划分还是按照汉字的偏旁部首来划分的。

有一点要注意：许多所谓“大师”在划分汉字的五行时往往把许多汉字的五行弄错，这点对汉字了解不深的人来说是个致命的误导。

5. 站不住脚的“三才”与“五行”

首先来认清何谓“三才”，三才即天、人、地，在五格姓名学中，天格、人格和地格就是三才也。而天格的组成是由姓氏的笔画加一（复姓则是二字相加）所得出来的数字；人格是姓字与名字的中间字相加所得出来的笔画数理；地格是名字的二个字相加（单名的则加一）所得出来的笔画数理。在姓名学中，五格的数理暗示虽然应验率不高但也有一点的准确度。但三才五行呢？是二个数字相加得出来再以此数来分五行归属，原本笔画划分五行的方法都有待商榷，那么，三才的五行的可信程度更不堪一击。

既然三才的五行的论据站不住脚，那么，在姓名学中紧接而来与三才密切关系的推算方式——姓名看疾病健康、姓名看婚姻、姓名看社交；还有那些三才相克组合之说，如天格克人格、地格克天格等认为不吉，又还有三才危险配置等等，这些姓名学中的主体内容知识会因三才的五行出现问题而全盘抹杀。

换句话说，以五格姓名看个人事业、健康、婚姻、社交等等的应验准确度极之甚微。

6. 无法证明来历的一门学科

至今为止，没有人能构找到五格学的原身出处，都是道听途说，听一点，加一点，改一点。那些所谓的算法，汉字属性表格到底是依据什么，是怎么来的，没人能说的清。

其实现在日本人用的五格学是没有这么复杂的，它们孩子的名字必须符合“五格”，即总格——昭示一生的吉祥；人格——反映期待的性格才能，并要求可以克制凶运；地格——符合对健康、平安等的追求；天格——不得和祖先的宿命冲突；外格——与所处外界环境和谐。关于五行根本就不沾边的事情，而且根本没有天、地、人格三者关系。

7. 与《易经》理论不符合

根据《易经》的“象”“数”理论，易经的出发点是和阴阳分不开的，也就是说，男女的象数是不能类同的，而在整个五格学说中，是不分男女的。很显然，作者或传者是在打易经的幌子，根本没有按易经的思维。

8. 和五行矛盾

其中谈到，其根据阴阳五行相生相克的道理，是不是这样呢，除了数字“五”和五行相应以外，就再找不到和五行同路的思维。

9.“千人一命”的荒唐

这种方法认为天格与人格之数理关系为成功运，由此可推断人的事业成功率的高低。那么同姓人的天格都一样，中国 8000 万王姓的人事业成功率高低会不会相同。五格学标榜的是天、地、人的动态关系，恰恰相反，只有文字对应空洞数字，没有现实的客体。

10．经不起实践

用五格剖象法算算名人的名字，就知道了。以下按照所谓的五格算法举几个例子：

朱元璋（明太祖）笔画数为 6—4—15，五格数理为天格 7（凶）—人格 10（大凶）—地格 19（大凶）—总格 25（吉）三才五行配置：金—水—水（凶）。朱元璋当为大吉运，但按五格剖象法论则是凶运，天格、人格、地格以及三才数理配置都显示其一生是短命、破家亡户之命。这和他拥有长寿，建立帝业，子孙满堂，大富大贵的人生完全相左。

我们再来反推，假设一个名字叫“李要死”，按照这种算法如下：

火 李 07 天格 8 阴金 意志坚强，坚刚不拔（吉）

土 要 09 人格 16 阴土 贵人得助，宅心仁厚（吉）

金 死 06 地格 15 阳土 福寿拱照，慈祥有德（吉）

可是如此“上上大吉”的名字，谁会要?

看来用五格定吉凶连皇帝都不吉详，而最不吉利的名字却是上上大吉。说明即使用这种方法偶尔碰上一些“准确”的，也属瞎猫碰死耗子。

那么五格为何会盛行?

事实上五格理论拥有强大的游戏性，数字加加减减，便知道自己的一生，娱乐性非常强。五格理论简单，不需要任何相关学问，不需要很深的五行知识，最多是“大师”用于谋生的手段。

三、其他相关取名法及其误区

1. 以属相生肖取名法

属相生肖的命名法应该是中国另类的命名法，其方法是列举十二种生肖中每种生肖取名时应该采取什么部首偏旁，忌用什么偏旁部首，这种方法的理据似乎没什么根据，只是凭生肖的特性来起。如，属鼠的，要用带木的部首（意为老鼠要有草木咬）。属虎的要带有山字旁等等。尽管这种取偏旁部首的方法听上去好像很形象，但是却在任何一部古书典籍中都不见相关记载，很可能是现代人附会而成。

2. 以汉字笔画断五行取名法

这种方法取名要先看名字里字的五行，再结合人的生辰五行，“缺什么补什么”。但是对某个汉字的五行归属是以笔画数来确定。其观点为：将字的笔画总数除以 10，得余数，笔画数不到 10 的以实际笔画数计算。如果所得数为 1、2 则五行是木；3、4 五行是火；5、6 五行是土；7、8 五行是金；9、10 五行是水。依此理论木—4 画，土—3 画，水—4 画，铁—13 画 余数为 3 按照数理理论 这些字的五行都是火。水的五行是火、土的五行是火、木的五行是火……这岂不是指鹿为马？

第五章
科学又正统的“周易从字”取名法

周易起名是一种含有数理学、阴阳、五行学、心理学、社会学、历史学、哲学、自然科学的综合概念的命理学，是由中国古老哲学《易经》所发展出来的学问，姓名是一组符号，周易取名就是剖析组成这一名字的符号暗含的意义和吉凶的学问。

周易起名最早是服务于皇室，用于朝代名的制定，皇帝的帝号，年号，谥号的制定，皇太子的命名，是不传于民间的密宝。坊间误传由日本人根据中国古代易学发明，其实是在日本军国主义向中国大肆侵略扩张时期，对中国文化的剽窃和掠夺，在文革后流入大陆。由于日本人没有得到姓名学真正的精髓，只会单纯的计算笔划，故而在推算中谬误百出。周易学者认为：姓名学虽是最易学的一种命理，但其实要比想象的复杂得多，易学难精，需要考虑笔画数、文字寓意、音调、笔画五行、文字本身五行等多个方面。周易起名属于易学分支，是从《周易》象数理论中衍生出来的派系，它博大精深，源远流长。汉字中含有五行，数理中含有五行、音律中含有五行，通过不同姓名汉字的组合，显现出不同的吉凶暗示。

一、周易的阴阳五行学说与取名的关系

五行学说认为世万物，都由木、火、土、金、水五种根本物质的运转（运动）和改变所构成。它着重全体概念，描绘了事物的布局联系和运动方式。假如说阴阳是一种古代的敌对一致学说，则五行能够说是一种初始的普通系统论。

《内经》把五行学说使用于医学，这对研讨和收拾古代公民堆集的大量临床经验，构成中医特有的理论体系，起了重要的推进效果。

阴阳，指宇宙中全部事物都具有的两种既互

相敌对又互相联系的力量。从下面的叙述中可以看到，阴阳本来就包含于气之中。一气盛行，无极而太极，太极的动态发生阴阳，阴阳又推进著世界和其间每一事物的运动改变。

天干地支与阴阳

天干：甲、乙、丙、丁、戊、己、庚、辛、壬、癸

阴天干：乙、丁、己、辛、癸

阳天干：甲、丙、戊、庚、壬

地支：子、丑、寅、卯、辰、巳、午、未、申、酉、戌、亥

阳地支：子、寅、辰、午、申、戌

阴地支：丑、卯、巳、未、酉、亥

阴阳五行

五行：金、木、水、火、土

五行四方：东方属木，南边属火，西方属金，北方属水，中心属土。

五行生克

五行相生：金生水，水生木，木生火，火生土，土生金。

五行相克：金克木，木克土，土克水，水克火，火克金。

五行生克制化宜忌：

金金旺得火，方成器皿。

金能生水，水多金沉；强金得水，方挫其锋。

金能克木，木多金缺；木弱逢金，必为砍折。

金赖土生，土多金埋；土能生金，金多土变。

火：火旺得水，方成相济。

火能生土，土多火晦；强火得土，方止其焰。

火能克金，金多火熄；金弱遇火，必见销熔。

火赖木生，木多火炽；木能生火，火多木焚。

水：水旺得土，方成池沼。

水能生木，木多水缩；强水得木，方泄其势。

水能克火，火多水干；火弱遇水，必不平息。

水赖金生，金多水浊；金能生水，水多金沉。

土：土旺得水，方能疏通。

土能生金，金多土变；强土得金，方制其壅。

土能克水，水多土流；水弱逢土，必为淤塞。

土赖火生，火多土焦；火能生土，土多火晦。

木：木旺得金，方成栋梁。

木能生火，火多木焚；强木得火，方化其顽。

木能克土，土多木折；土弱逢木，必为倾陷。

木赖水生，水多木漂；水能生木，木多水缩。

二、什么是“周易从字”取名法

所谓“周易从字”取名法，应当分为两部分，先依周易，后从汉字。如果家族中有排字辈，则还要加入考虑。以下为不考虑字辈问题的取名法介绍。

（一）先依周易

怎么依据周易的阴阳五行起名？起名是很有讲究的，依据周易和五行起名是中国传统的起名方法之一。那么，详细的办法过程是如何的呢？

八卦代表着8个方位，对应的是东方（震），东南（巽），南边（离），西南（坤），西方（兑），西北（乾），北方（坎），东北（艮）这8个详细方位，括号内是这8个方位在八卦中的称号。八卦之中，以乾、坤两卦最为重要，乾代表着天，坤代表着地，这两卦被古人视为天然界和人类社会全部表象的开始本源。所以，周易八卦经常被用于预测社会和天然的事物。也有人用来占卜吉凶，用八卦的方位来取名等。

运用周易八卦起名，最直接常见的办法即是用卦名来起名，比方田震、戴震、陆离、萧乾等。南宋末年有一位才学广博的专家名叫黄震，他的字是东发。将名、字联系起来，他的姓名就将八卦与方位相对应起来。《礼记·月令》记载二月之月，“雷乃发声”；东发又与“万物出乎震”的意思暗合。

可是不是随意哪个卦名都适宜具体个人的，所以在依据周易八卦起名时，知道八卦五行的相生相克等状况很重要。

在知道了周易八卦和五行的有关状况后，在起姓名时就要加以留意，比如姓金的人，起名的时候假如不是五行缺火，最好就不要取火字旁的字为名。

周易是门精深的学识，所以假如要起到一个适宜的好姓名，主张大家在之前要对周易加以研讨或向精通周易的人请教，具体问题具体分析，切不可轻信一些地摊书籍毫无依据所列的一些所谓的“五行字表”。

（二）后从汉字

确定好名字要用的五行之后，需要“择字”，这就要从汉字的音、形、义三个方面进行选择：

1. 从字音角度

在论述字音对人的影响之前，先论述声音对人的影响，这样大家便于理解，也可以刨开一些神秘因素以避免迷信。声音显然有好有坏，有天籁般优美的旋律，也有震耳欲聋的噪音。声音可以影响我们的生活作息、心情好坏，而生活的作息和心情的好坏又进一步影响我们的性格习惯和行为方式，最终还在一定程度上对人命运产生影响。我想这个道理应该是显而易见的。如果不信，可以对比一下一个整天生活在鸟语花香中的人和一个整天生活在噪音（比如汽车噪音，打麻将的噪音）中的人的心情、性格和心态，就很容易知道了。名字这个东西很奇怪也很独特，它的所有权属于我们自己，但是喊得最多的却是别人。并且在一生中，我们的名字被人成千上万次的喊到，其对人的影响力量，不可小视，这种力量类似于

"念咒"一样。当别人喊我们名字的时候，根据其声音的音频、音律、音调的平仄、轻重高低、强弱缓急、刚柔、粗细、尖顿、清浊等等，我们的大脑神经系统会本能的产生各种不同的心理活动和行动，而念头和行动正是影响我们命运的原因之一。声音影响人的心情和行动，这也是医学界提倡胎教的一个原因，这也是有些人听了《黑色星期五》这首曲子郁闷自杀的一个原因。

2. 从字形角度

字形的方面不难理解，就是名字书写出来后给人的感觉，比如老一辈人总是喜欢给自己子女起类似"富、国、田、星、百、堂"之类名字，为什么？因为这些名字下部分形体平稳、端方、厚实，这些父母也希望这些子女能够稳重平实。再举一个例子，大家应该比较好懂，大家应该听说过书法界"颜筋柳骨"的说法，这里的"柳"是指唐朝的书法大师柳公权，柳公权除了以书法成就名垂千古之外，其"心正则笔正"的"笔谏"也被世人传为佳话。有一次穆宗皇帝问柳公权如何将书法写好，柳公权对曰："用笔在心，心正则笔正。”从这个案例可以延伸出一些道理来，即书写不同风格的字体，对人性格会产生不同的影响。比如，一个彪形大汉写的字，多半比较大而有力，而大家闺秀的字往往清新娟秀。如果一个性格柔弱的男孩，能坚持多练习柳体，心性也会慢慢变得刚强起来，因为柳体字讲究“骨”，字字遒劲有力，铁骨铮铮，写多了就会带着人的心性往“刚”或“强”的方面走。而个性本来就很要强的人，就应该练练平实宽厚、浑厚的字体。另外一个例子，有些家长为了独具一格，故意给自己孩子起一个很复杂笔画很多的名字或用生僻的汉字，这种危害比较严重，一是书写不便，二是生僻的名字不易辨认和不易被人记住影响工作和交流。

3. 从字义角度

字义的角度就更好理解了，就是指字的含义，比如象征意义，谐音等等，人们总是希望自己的名字中包含吉祥如意等积极意义，而不希望有不吉的消极意义。有些人起名不注意名字中有谐音或歧义，结果代表一个人的名字变成了骂人的话，想必大家现实生活中，或多或少总见过那么几个起名不好的例子。

三、给企业取名

对于一个企业而言，名称不仅仅是一个简单的文字符号，更是企业整体的化身，是企业理念的缩影和体现。它对消费者有着较大的号召力和亲切感，能缩短企业与消费者之间的距离，同时也在树立名牌、扩大影响、进行广告宣传方面发挥神奇的作用。因此有人声称："好名字能给企业带来好运气。"

事实确实如此，靠好名字带来好运气的企业数不胜数。20 世纪 20 年代的上海，日本"味素"风行一时。民族资本家吴蕴初也研制出了一种与"味素"同样品质的产品，为了提高与"味素"的竞争能力，吴蕴初在给产品命名上下了很大功夫。他想：最甜的东西叫糖精，最香的东西叫香精，那这味道最好的应该叫"味精"，于是"味精"这个名字问世了。产品上市后，因其名字深受人们喜爱，很快吸引大量的顾客，压倒了"味素"。

在日本或其他国家的一些地区，英国威士忌酒的销量大约是法国白兰地酒的2倍，但是在香港，白兰地的销量却是威士忌的20倍，问题出在译名上。英国的“Whisk”译成中文时，成了“威士忌”；而法国的“Brandy”变成了“白兰地”，对讲究文字谐音的香港人来说，白兰地是深受人们喜欢的白兰，有白兰的地方一定是好地方，这个美妙的译名使人联想到酒味的纯美、芬芳，于是便有对白兰地酒产生了好感，而威士忌酒则让人觉得“连威风十足的绅士也忌饮”，自然对其敬而远之了。

CocnCola翻译成可口可乐曾付出很大代价。1920年，CocnCola开始进入中国市场，根据它的发音，原先译出的汉名为“蝌蚪啃蜡”，当数千个这样的广告牌竖立起来后，CocnCola公司才发现这蹩脚“英译汉”让人联想到浑浊水中的蝌蚪，作为饮料令人倒胃。次年，CocnCola公司负责亚洲的部门在英国伦敦征求中文译名，一位中国学者正好留学英国，就以“可口可乐”这个名字一举夺魁。“可口可乐”，不仅字简单易懂，发音与英文相近，而且家喻户晓，妇孺皆知。“可口可乐”在中国走红说明，一个好的商品名称，对产品的销售会带来意想不到的效果。

在市场营销中，因为企业或公司商标名称不当而对产品销路带来损失也是常有的事。在日本，“富士”胶卷市场占有率超过了50%，随后店越来越大，最终战胜樱花公司而成为胶卷市场的主宰。樱花公司失败的原因并不是产品有质量问题，而是品牌名称——樱花。因为，在日文里“樱花”一词代表软性的、模糊的、桃色的形象；相反，“富士”一词则使人与日本的圣山富士山联系在一起。樱花公司的樱花牌胶卷受樱花这一不幸形象的影响，销售日渐萎缩，各种广告宣传均无济于事，只好把市场让给富士公司。

1955年，福特汽车公司推出价格在20400～24000美元的中档轿车，哥伦比亚大学受委托为新车品牌命名。在舆论调查和机动调查的基础上，专家们收集了上万种品牌设计，并从中选出4个提交公司决策会选择。然而，专家们的意见糟到了冷落，新车型选用了由福特的几个孩子提议的其父亲EDSEL（艾德赛尔）的名字为品牌名称，这一品牌名称恰好与美国强行推销的一种止咳药

"哈德赛尔"相似，使人产生反向联想。结果从1959年开始的两年里，该车型仅卖出11万辆，最后只好停止生产，损失近10亿美元。

以上实例有失败有成功，不过讲的都是一个道理，名称绝非无关紧要的。美国一家权威性咨询机构调查资料表明：有36%的品牌名严重影响销售，有52%的品牌名对销售没多大帮助，只有12%的品牌名能帮助销售。这说明，选择和设计一个好的品牌名对企业的发展是至关重要的。

周易从字取名法，除了给人取名外，还适用于给企业、产品取名。除了和给人取名一样需要注意的阴阳、五行、三才配置、择字等问题外，还有以下几个问题需要注意：

首先需要讲求一目了然，这是指在给企业或产品取名时，取出的名字能体现企业及其产品的形象特点，以便消费者看到名字后，能对企业或产品有一个基本的判断。

一目了然的商名往往短小精悍，能对消费市场构成极大的冲击效果。如"椰汁"，名字好记好念，商名意味很浓，就像椰子汁般香醇。

又如日本的一种速食面，名字取成"扯不断

的面”上市没多久，也在食品行业内引起巨大的反响。

要使企业名字看起来一目了然，除了以上要求外，还要使其读起来朗朗上口，干脆利索，这样才便于流传。如能以巧妙的数字组合来作为企业的名字，往往也会收到意想不到的效果。

一剪梅、四通、三九集团、五四商场、章光101，888酒楼等，像这类一目了然的名字，都是取得比较成功的例子。

巧妙的数字组合，只是一目了然取名中的一种形式。一目了然取名的具体方法多种多样，不过，从以上的例子可以看出，一目了然的取名看似简单，它通常用一些通俗易懂而又不落俗套、立意巧妙而又不矫揉造作的字词，但是，在取名过程中，还要注意以下几个问题。

第一，避免晦涩难懂。

不管企业名字的意义多么好，寓意多么深刻，如果别人难以读懂，都是失败的。

浙江省兰溪市有家取名馆，他们给自己起了个含义颇深的名字“叱石成羊”。可是牌子挂出后，别人都不懂。

华石山石室中。其兄初起寻之，但见有白石块。初平叱之，石皆成羊。

一个面对公众服务的小店，其名字居然采用如此玄妙的典故，难怪人们都看不懂。

第二，避免难字偏字。

一目了然在视觉上就要少用偏字难字。商标名称是供消费者称呼的，就必须考虑到用字的大众化问题。

某大豆蛋白粉厂为自己的大豆蛋白粉、速溶豆乳品等产品的商标取名为“罡风”，这样的名字一般人都不明白，很难设想这样的商标能够成为名牌商标，也很难设想这种商品能够在市场上畅销。

有些人使用冷僻字取名，是认为取出好名字的关键在于好字眼。所以，一提到取名字，首先想到的便是去翻《康熙字典》，殊不知，实际情况恰好相反。好的名字正像好的文章一样，在平一目了然不仅要符合视觉感官，也要符合听觉感受。若使用多音字，那么，结果就像使用冷僻字一样，给人们存称呼商名时书来不便，寓意本身就更不明朗。如乐海餐馆，其中的“乐”有两种读音，使人不知读什么才好。

当然，并不是说取名绝对不能用多音字，但至少要保证别人能够确定其读音，不至于读错。

第四，避免烦琐冗长。

优秀的作家都惜墨如金，通常用最简洁的文字，完美地表达想要表达的意思。企业取名也是如此，讲究言简意赅，简洁凝练。

例如忍味条（小食品）、开碗笑（拉面）、快译通（电子辞典）、浪琴（机械式手表）等这类短小精悍的名字，切中要害，看起来一目了然，通俗易懂。而“日本东京迪斯尼乐园”、“HASSELBIJAND”（哈塞布莱德）等类名字，就显得有些烦琐冗长了。

何谓“叱石成羊”呢？据古书《神仙传》记载：古时传说黄初平牧羊时，遇一道士，引至金华石山石室中。其兄初起寻之，但见有白石块。初平叱之，石皆成羊。

一个面对公众服务的小店，其名字居然采用如此玄妙的典故，难怪人们都看不懂。

第二，避免难字偏字。

一目了然在视觉上就要少用偏字难字。商标名称是供消费者称呼的，就必须考虑到用字的大众化问题。

某大豆蛋白粉厂为自己的大豆蛋白粉、速溶豆乳品等产品的商标取名为“罡风”，这样的名字一般人都不明白，很难设想这样的商标能够成为名牌商标，也很难设想这种商品能够在市场上畅销。

有些人使用冷僻字取名，是认为取出好名字的关键在于好字眼。所以，一提到取名字，首先想到的便是去翻《康熙字典》，殊不知，实际情况恰好相反。好的名字正像好的文章一样，在平淡中见神奇，存朴素中见奇妙。

试看“四通”、“方正”、“金利来”、“康师傅”这些悦耳动听的名字，哪一个不是常用字？

第三，避免多音字。

一目了然不仅要符合视觉感官，也要符合听觉感受。若使用多音字，那么，结果就像使用冷僻字一样，给人们存称呼商名时书来不便，寓意本身就更不明朗。如乐海餐馆，其中的“乐”有两种读音，使人不知读什么才好。

当然，并不是说取名绝对不能用多音字，但至少要保证别人能够确定其读音，不至于读错。

第四，避免烦琐冗长。

优秀的作家都惜墨如金，通常用最简洁的文字，完美地表达想要表达的意思。企业取名也是如此，讲究言简意赅，简洁凝练。

例如忍味条（小食品）、开碗笑（拉面）、快译通（电子辞典）、浪琴（机械式手表）等这类短小精悍的名字，切中要害，看起来一目了然，通俗易懂。而“日本东京迪斯尼乐园”、“HAS-SELBIJAND”（哈塞布莱德）等类名字，就显得有些烦琐冗长了。